Religious literacy und evangelische Schulen

Waxmann Verlag GmbH
Steinfurter Straße 555, 48159 Münster
info@waxmann.com

SCHULE IN EVANGELISCHER TRÄGERSCHAFT

herausgegeben von

Volker Elsenbast, Münster
Jürgen Frank, Hannover
Christel Ruth Kaiser, Steinatal
Cornelia Schäfer, Gotha
Christoph Th. Scheilke, Stuttgart-Birkach
Friedrich Schweitzer, Tübingen

BAND 9

Waxmann 2008
Münster / New York / München / Berlin

Martin Schreiner (Hrsg.)

Religious literacy
und evangelische Schulen

Die Berliner Barbara-Schadeberg-Vorlesungen

Waxmann 2008
Münster / New York / München / Berlin

Bibliografische Informationen der Deutschen Nationalbibliothek
Die Deutsche Nationalbibliothek verzeichnet diese Publikation in der
Deutschen Nationalbibliografie; detaillierte bibliografische Daten sind
im Internet über http://dnb.d-nb.de abrufbar.

Schule in evangelischer Trägerschaft; Band 9
hrsg. von Volker Elsenbast, Jürgen Frank, Christel Ruth Kaiser,
Cornelia Schäfer, Christoph Th. Scheilke
und Friedrich Schweitzer

ISSN 1614-0540

ISBN 978-3-8309-1969-8

© Waxmann Verlag GmbH, 2008
Postfach 8603, 48046 Münster

www.waxmann.com
info@waxmann.com

Umschlaggestaltung: Pleßmann Kommunikationsdesign, Ascheberg
Satz: Anne-Friederike Freißler, Hildesheim

Gedruckt auf alterungsbeständigem Papier, säurefrei gemäß ISO 9706
Alle Rechte vorbehalten
Printed in Germany

Inhalt

Einleitung
Martin Schreiner.. 7

Rolf Schieder
Was ist *religious literacy?* 11

Wilhelm Gräb
Religiöse Bildung als Teil der Allgemeinbildung 25

Petra Bahr
Kehrt das Heilige zurück? Religion in der Gegenwartskultur und ihre
Herausforderung für religiöse Bildungsprozesse 43

Wilfried Härle
Spurensuche nach dem Dreieinigen Gott 53

Dietrich Benner
Unterricht – Wissen – Kompetenz 69

Henning Schluß
Wie viel Religion braucht die Bildung? 83

Manfred L. Pirner
Christliche Pädagogik – Empirische Befunde zum Profil von Erziehungs-
und Bildungseinrichtungen in christlicher Trägerschaft 103

Michael Domsgen
Grundlegende Einsichten verwirklichen. Überlegungen zur Profilierung
christlicher Schulen als Bildungsorte 119

Martin Schreiner
Religious literacy und evangelische Schule 135

Autorinnen und Autoren 144

Einleitung

Martin Schreiner

In dem Einladungstext zu den Barbara-Schadeberg-Vorlesungen 2007 im Senats-
saal der Humboldt-Universität Berlin heißt es:

> „Evangelische Schulen versuchen mitten im All-Tag des Schulehaltens und Schule-
> gestaltens ihren Beitrag zu einer heilsamen Unterscheidung von Gott und Mensch zu
> leisten. Sie gehen von einem Fortbestehen religiöser Gemeinschaften in einer multi-
> kulturellen und postsäkularen Gesellschaft (J. Habermas) aus, in der sie Gott und die
> Welt „lesen" und interpretieren aus dem christlichen Sinnzusammenhang heraus. Die
> Barbara-Schadeberg-Vorlesungen 2007 thematisieren die Chancen christlicher Rede
> und christlicher Wirklichkeitsperspektive zwischen neuer Spiritualität und Gottver-
> gessenheit (U. Körtner) in der gegenwärtigen Kultur. Sie suchen nach einer sach-
> und zeitgemäßen Vermittlung des im christlichen Glauben implizierten Orientie-
> rungswissens und dessen kognitiv und praktisch wirksamen Grundunterscheidungen
> für das gemeinsame und individuelle religiöse Leben der Lernenden und Lehrenden.
> Leitend ist dabei die Auseinandersetzung mit der Gottesfrage und die sogenannte *re-*
> *ligious literacy*, die aus religionspädagogischer, kulturtheologischer, systematisch-
> theologischer und pädagogischer Perspektive betrachtet werden."

In seinem Grußwort, das er dankenswerterweise für diesen Band zu einem ausführ-
lichen Beitrag ausgearbeitet hat, hob Prof. Dr. Wilhelm Gräb, Dekan der Theologischen Fakultät der Humboldt-Universität Berlin, hervor, dass Religion unabdingbar
zur conditio humana gehöre und religiöse Bildung selbstverständlicher Teil der
Allgemeinbildung sei. Die Dringlichkeit religiöser Elementarbildung sei evident.
Diesen Impuls vertiefte Prof. Dr. Wolfgang Huber, EKD-Ratsvorsitzender und Bi-
schof der EKBO, indem er auf die Erfordernisse von Anleitung und Einübung bei
der gemeinsamen Suche nach entzifferbaren Spuren religiöser Erfahrung in der
Welt und nach Kerninhalten hilfreichen Orientierungswissens hinwies. Die Tradition des Lesens und Lesenlernens als Sinnerschließung sei unverzichtbarer Teil des
Fundaments menschlicher Mündigkeit. Er erinnerte nachdrücklich an die positive
Religionsfreiheit im Sinne von „Freiheit zu Religion" bei allem Respekt vor der
negativen Religionsfreiheit im Sinne von „Freiheit von Religion". Die Stifterin Barbara Lambrecht-Schadeberg, Vorsitzende der Barbara-Schadeberg-Stiftung, stellte

Ziele und Schwerpunkte der Stiftung[1] vor und betonte insbesondere die Chance der Kirche, in evangelischen Schulen jungen Menschen begegnen zu können.

Prof. Dr. Rolf Schieder, Praktischer Theologe an der Humboldt-Universität Berlin, definierte in seinem Vortrag *religious literacy* als Fähigkeit, die vorfindliche religiöse Wirklichkeit zu deuten und an ihr teilzunehmen. Er unterschied im Rückgriff auf die amerikanischen und englischen Modelle zwischen „teaching about religion" und „teaching religion" beziehungsweise „learning about religion" und „learning from religion". Jeder Mensch sei ins Licht der Verheißung Gottes gestellt und habe die Aufgabe, das eigene Lebensskript in Augenschein zu nehmen und darin – in Anlehnung an die Bibelstelle Kapitel 31 im Buch Jeremia – den Schriftzug Gottes zu entziffern.

Dr. Petra Bahr, Kulturbeauftragte der EKD, sah die Aufgabe evangelischer Schulen im Gesamtbildungszusammenhang religiöse Grundbildung zu leisten, die Zeichen der Zeit zu deuten und zwischen heilsamen und zerstörenden Formen des Religiösen zu unterscheiden. Es sei gerade das Privileg evangelischer Schulen, Schule nach dem christlichen Menschenbild zu gestalten.

In seinem Vortrag „Warum ausgerechnet drei? Spurensuche nach dem dreieinigen Gott" stellte Prof. Dr. Wilfried Härle, Systematischer Theologe von der Universität Heidelberg, zurecht fest: „Wir werden von Muslimen und von unseren Gemeindemitgliedern, die im Kontakt mit Muslimen stehen, aber auch von Menschen, die einfach wissen wollen, was es um den christlichen Glauben ist, nach der Bedeutung, dem Sinn und der Sagbarkeit des Glaubens an den dreieinigen Gott gefragt. Diese Frage verbindet sich, wo nicht mit der Erwartung, so doch mit der Hoffnung auf eine klare, verständliche, weitergebbare Antwort." Auf die Frage, warum eine Trinitätslehre charakteristisch, ja unverzichtbar für das christliche Gottesverständnis und den christlichen Glauben insgesamt sei, gab Wilfried Härle eine

---

1   Die Barbara-Schadeberg-Stiftung wurde 1994 aus privatem Vermögen der Unternehmerin Barbara Lambrecht-Schadeberg aus Krombach nach dem Stiftungsrecht der Evangelischen Kirche von Westfalen errichtet. Die Stiftung verfolgt das Ziel, im Evangelium begründete Bildung und Erziehung zu fördern. Die jährlich etwa 250.000 Euro zu vergebenden Fördermittel dienen zu gleichen Teilen Evangelischen Schulen und Internaten, Schulneugründungen, der Lehrerfortbildung und der wissenschaftlich reflektierten Schulprogrammentwicklung. Die Barbara-Schadeberg-Stiftung verleiht alle drei Jahre den Barbara-Schadeberg-Preis für beispielhafte Arbeit an Evangelischen Schulen und veranstaltet an wechselnden Universitäten (2001 Tübingen, 2002 Wien, 2004 Halle-Wittenberg) die Barbara-Schadeberg-Vorlesungen zur wissenschaftlichen Förderung einer im Evangelium begründeten Bildung und Erziehung an Schulen. Sie unterhält seit 2003 die Wissenschaftliche Arbeitsstelle Evangelische Schule in Hannover zusammen mit der Bildungsabteilung der EKD in enger Zusammenarbeit mit dem Comenius-Institut in Münster. Vgl. Barbara-Lambrecht-Schadeberg, Stiftung in der Zeit der Wende, in: Verantwortung für Schule und Kirche in geschichtlichen Umbrüchen. FS für Karl Heinz Potthast zum 80. Geburtstag, Hg. v. K. E. Nipkow, V. Elsenbast und W. Kast, Münster 2004, 191-198.

klare, verständliche, weitergebbare Antwort: „Trinität ist also: dreimal auf unterschiedliche Weise derselbe Gott. Und dieser Gott meint es gut mit uns."

Prof. Dr. Dietrich Benner, Erziehungswissenschaftler an der Humboldt-Universität Berlin, zeigte auf, wie Zuordnungen und Bezüge zwischen Unterricht, Wissen und Kompetenz auf den Zusammenhängen von Erfahrung, Lernen und Lehren beruhen und führte aus, wie Deutungs- und Partizipationskompetenz als allgemeine, domänenspezifisch auszulegende Teilkompetenzen zu verstehen sind. Er zitierte unter anderem Rousseau: „Es kommt nicht so sehr darauf an, dass man den Schüler eine Wahrheit lehrt, als dass man ihm zeigt, wie man es machen muss, um allezeit die Wahrheit zu entdecken".

Im abschließenden Vortrag über „*Religious literacy* und evangelische Schulen" begab sich Prof. Dr. Martin Schreiner, Religionspädagoge an der Universität Hildesheim, auf die Spurensuche nach Konkretionen einer Kommunikation des Evangeliums auch mit denen, denen es fremd ist. Er erinnerte an den von Karl Heinz Potthast 1964 erstmals in dessen Vortrag „Die evangelische Schule in säkularisierter Umwelt" eingespielten Gedanken der „Wirklichkeitserhellung durch den christlichen Glauben" und an die in Nachfolge der EKD-Bildungssynode 1978 in Bethel mit dem Leitthema „Leben und Erziehen – wozu?" von Karl Ernst Nipkow geforderte Entdeckung der „religiösen Implikationen eines jeden Unterrichts" sowie der Entfaltung eines „spirituellen Spürsinns" bei der Stoff- und Methodenauswahl. Schreiner sprach den evangelischen Schulen das Potential zu, Lern- und Lebensorte zu sein, an denen die Schulgemeinschaften gemeinsam eine „neue Sprache" für ein gelingendes Leben in christlicher Verantwortung zu finden und zu sprechen suchen. Evangelische Schulen könnten gleichsam als „Biotope gelebter Christlichkeit" neu einüben und erproben, religiös „auskunftswillig" und „auskunftsfähig" zu sein. Wie das christliche Schulkonzept in einzelnen Unterrichtsfächern an evangelischen Schulen umgesetzt wird, könne beispielsweise in den Ausgaben der Zeitschrift „klasse, die Evangelische Schule" nachgelesen werden.

Religious literacy an evangelischen Schulen bedeute „eine Erziehung zur Wahrheit und damit auch zur Offenheit für die Gottesfrage, eine Erziehung zu Gerechtigkeit und Erbarmen und damit zu einer Kultur der Anerkennung im Miteinander der Menschen, eine Bildung für eine offene Zukunft, zu der die Sensibilität für die Bewahrung der Natur und für die Lebenschancen einer nächsten Generation gehört, und schließlich eine Bildung zur Kultur, nämlich zu einer perspektivenreichen Selbstthematisierung, die Ausbildung einer eigenen Identität mit einer respektvollen Wahrnehmung des Fremden verbindet" (Wolfgang Huber).

Das Sujet der in dem vorliegenden Band verschriftlichten Vorträge der Barbara-Schadeberg-Vorlesungen 2007 wird zudem durch drei hervorragende zusätzliche Beiträge erschlossen, die speziell für diese Veröffentlichung eingeworben werden konnten. Der Berliner Erziehungswissenschaftler Dr. Henning Schluß versteht in seinem Artikel „Wie viel Religion braucht die Bildung?" *religious literacy* als religiöse Kompetenz und expliziert am Beispiel eines Dokumentarfilmausschnittes über das Leben dreier Opfer des DDR-Systems die Notwendigkeit religiöser Bildung. Sodann geht er der Bedeutung des Wissens und der Erfahrung für religiöse Grundbildung nach und plädiert eindrücklich für das Öffnen von Räumen auch in der Schule, „in denen sich Erfahrungen ereignen können, die die Grundlage zum Nachempfinden, zur Empathie, sogar zum ansprechbar sein für das Heilige bilden."

Wertvolle aktuelle empirische Befunde zum Profil von über 150 Erziehungs- und Bildungseinrichtungen in Trägerschaft des Christlichen Jugenddorfwerkes Deutschland (CJD) stellt Prof. Dr. Manfred Pirner, Religionspädagoge an der Pädagogischen Hochschule Ludwigsburg, in seinem Beitrag „Christliche Pädagogik" vor. Er sieht darin insbesondere die große Bedeutung des Zusammenhangs von pädagogischem Handeln, sozialem Miteinander und organisatorisch-institutionellen Rahmenbedingungen bestätigt und verweist auf die chancenreiche Orientierung an einem christlich profilierten Kommunikationsverständnis, um die verschiedenen, auch theologischen Perspektiven aufeinander zu beziehen. Auskunftsfähig zu sein über das, was mit „christlichem Menschenbild" und mit „christlichen Werten" gemeint ist, ist zweifellos ein wichtiges Element von *religious literacy*.

Überlegungen zur Profilierung christlicher Schulen als Bildungsorte stellt Prof. Dr. Michael Domsgen, Religionspädagoge an der Universität Halle-Wittenberg, in den Mittelpunkt seiner Ausführungen mit dem Titel „Grundlegende Einsichten verwirklichen". Er betont unter anderem die vielfältigen Möglichkeiten eines Rückbezugs auf konkrete Glaubensvollzüge an christlichen Schulen, auch wenn selbstverständlich bedacht werden muss, dass sich der christliche Glaube nicht einfach im schulischen Geschehen einfangen und funktionalisieren lasse. Aber als Orientierung und kritisches Potential zugleich ermögliche er christlichen Schulen sowohl Lernort als auch Lebensraum zu sein, in denen Schülerinnen und Schülern der lebensbegleitenden und erneuernden Kraft des christlichen Glaubens begegnen können.

Zum markanten Merkmal von *religious literacy* – zum unabdingbaren Bestandteil menschlicher Mündigkeit überhaupt – gehört zweifellos in protestantischer Tradition neben der Sprach- und Deutungsfähigkeit die Lesefähigkeit. Die vorliegenden Beiträge in diesem Buch laden ein gelesen und gedeutet und in den Diskurs über Theorie und Praxis evangelischer Schulen eingespeist zu werden. Der Autorin und den Autoren sei herzlich für die Bereitstellung ihrer Beiträge gedankt, der Barbara-Schadeberg-Stiftung für den namhaften Druckkostenzuschuss, dem Verlag in Person von Melanie Völker für die reibungslose Zusammenarbeit, den Herausgebern der Reihe „Schule in evangelischer Trägerschaft" für die Aufnahme dieses Bandes und Anne-Friederike Freißler für die sorgfältige Erstellung der Druckvorlage.

Was ist *religious literacy?*[1]

Rolf Schieder

1 Einleitung

Kulturkritisch Gesinnte mögen bereits am Titel Anstoß nehmen. Können sich deutsche Intellektuelle nur noch durch Anglizismen verständlich machen? Mit einem historisch geweiteten Blick muss man freilich darauf aufmerksam machen, dass Martin Luther, der die deutsche Sprache nachhaltig geprägt hat, sich selbstverständlich auch in der Universalsprache seiner Zeit ausdrücken konnte, dem Lateinischen. Die Universalsprache unserer Zeit ist das Englische. Und es waren nun einmal angelsächsische Intellektuelle, die zuerst über die Notwendigkeit einer *religious literacy* diskutierten.

2 Religious literacy?

2.1 Ein Definitionsversuch und die Frage nach Kriterien für die Materialauswahl

Der Begriff der *religious literacy* erschließt sich am besten, wenn man ihn zunächst als eine Spezialform von *literacy* versteht. In englischen Lehrplänen beispielsweise wird *literacy* nach den Aspekten „*speaking and listening*" sowie „*reading and writing*" unterschieden.[2] Die Rede- und Zuhörfähigkeit wird weiter unterteilt in Reden, Vortragen, Antworten, sich an Gruppendiskussionen beteiligen, Rollen spielen und an Theateraufführungen teilnehmen können.

Die Lese- und Schreibfähigkeit wird unterteilt in Worterkennung, Texte verstehen und interpretieren können, mit Texten kreativ umgehen können, dazu gehört die Lust am selbstständigen Lesen, die Fähigkeit der Textverfremdung und die Fähigkeit, ein selbstständiges Urteil über den Text abgeben zu können. Ferner wird die Fähigkeit erwartet, Texte selbstständig zu verfassen, Texte für verschiedene

---

1 Vortrag bei den Berliner Barbara-Schadeberg-Vorlesungen im Juni 2007.
2 Primary Framework for literacy and mathematics. Primary National Strategy, 2006, 15-17.

Anlässe strukturieren zu können – das ganze in einer passablen Handschrift und Rechtschreibung.

Hören, Sprechen, Lesen, Schreiben: es ist nicht schwer, diese elementaren Fähigkeiten des Verstehens und des Kommunizierens in den christlichen Kontext zu übersetzen. Das Hören auf das Wort Gottes ist ein elementarer Glaubensvollzug. Das Gebet ist eine eminent religiöse Weise des Sprechens. Generationen von Heranwachsenden in der westlichen Welt haben das Lesen durch das Lesen der Heiligen Schrift gelernt. Und wie oft haben Menschen versucht, das in selbstständiger und kreativer Weise weiterzugeben, was sie an der Religion fasziniert. Ohne Literalität ist das Tradieren von Religion nicht möglich. *Religious literacy* wäre dann also die Fähigkeit, die vorfindliche religiöse Welt zu lesen, sie zu verstehen und sich selbst in ihr verständlich machen zu können.

Religious literacy, so könnte man definieren, ist die Fähigkeit, die vorfindliche religiöse Wirklichkeit zu deuten und an ihr zu partizipieren. Das Problem einer solchen Definition besteht darin, dass damit noch nichts darüber gesagt wird, worauf denn gehört, worüber denn gesprochen, was denn gelesen und was geschrieben werden soll. An welchem Material soll denn die Deutungs- und die Partizipationskompetenz erworben werden? Gibt es Material, das mehr oder weniger geeignet ist? Gibt es Methoden, die mehr oder weniger geeignet sind? Welche Kriterien sollen bei der Auswahl des Materials gelten?

2.2   Welche Kriterien sollen bei der Auswahl des Materials gelten?

Paulo Freire, der Verfasser des Klassikers „Pädagogik der Unterdrückten. Bildung als Praxis der Freiheit"[3], Leiter vieler Alphabetisierungskampagnen in Brasilien und in den 70er Jahren beim Ökumenischen Rat in Genf tätig, unterscheidet zwischen einer „depositären Erziehung" und einer „problematisierenden, bewusst machenden Erziehung": Bei der „depositären Erziehung" stehen sich Lehrkräfte und Schüler in der Weise des Wissens und Unwissens, des Habens und Nichthabens, der Fülle und der Leere, der Macht und der Ohnmacht gegenüber. Schüler werden gefüttert mit den Wörtern, Begriffen, Vorstellungen, Urteilen der Erziehenden und des Systems, für das sie stehen. Der Effekt dieses Fütterungsvorganges ist aber die Produktion einer Kultur des Schweigens. Bildung und Unterwerfung fallen in eins. Man ist in diesem System umso erfolgreicher, je bereitwilliger man sich der Fremdbestimmung, der Programmierung mit fremdem Wissen und fremden Sprachen unterwirft. Der Gebildete ist der Entfremdete.

---

3   Freire, Paulo, Pädagogik der Unterdrückten. Bildung als Praxis der Freiheit, Reinbeck bei Hamburg 1996.

Die problematisierende Erziehung hingegen stellt die Erfahrungen der Schülerinnen und Schüler in den Mittelpunkt. Das Vorfindliche zu problematisieren, es in Frage zu stellen, gemeinsam nach Lösungen zu suchen – das ist das Ziel. Nicht mehr eine Kultur des Schweigens, sondern eine Kultur tatsächlicher Literalität wird erzeugt. Dabei spielen so genannte „generative Wörter" und „generative Themen" eine wichtige Rolle. D.h. der Lernstoff entsteht aus den elementaren Lebenserfahrungen der Lernenden selbst. Ihre Sprachfähigkeit kann sich entwickeln, weil sie über die Dinge, die in ihrem Leben wirklich wichtig sind, kommunizieren können.

Kriterium für die Auswahl von Unterrichtsmaterial ist deren Erschließungskraft für die Gegenwart und deren Potential für die Eröffnung von Möglichkeitsräumen.

3 Die aktuelle deutsche Debatte über religiöse Grundbildung

Seit einigen Jahren macht sich die Religionspädagogik darüber Gedanken, wie ein Mindestmaß an religiöser Bildung *für alle* gesichert werden kann. Für alle: das heißt religiöse Grundbildung auch für Kinder atheistischer und konfessionsfreier Eltern. Es geht bei der religiösen Grundbildung also nicht nur um Mindeststandards für den Religionsunterricht, sondern um ein religiöses Grundwissen, das auch außerhalb des konfessionellen Religionsunterrichts zu erwerben ist. *Religious literacy* zielt also auf Staatsbürger, die fähig sind, Religion nicht für Unvernunft und Dummheit zu halten, sondern für eine andere Form eines rationalen Umgangs mit den Zumutungen und Ungeheuerlichkeiten des Daseins. Wenn der Staat denn Staatsbürger haben will, die mit religiöser Pluralität produktiv umgehen können, dann muss er in ihre religiöse Grundbildung investieren. *Religious literacy* als eine Form von *citizenship education*.

Damit wird allerdings eine ganze Reihe von grundsätzlichen Fragen aufgeworfen.

a In welchem Verhältnis stehen Bildungsanstrengungen im konfessionellen RU und religiösen Grundbildungsbemühungen in anderen Fächern?

b Wer bildet an welchen Institutionen die Lehrkräfte aus?

c Und schließlich: Was kann man von religiös grundgebildeten Schülerinnen und Schülern erwarten? Welche Kenntnisse, Einsichten, Fertigkeiten und Haltungen haben sie entwickelt?

a Den weitaus gewichtigsten Beitrag zur religiösen Grundbildung in Deutschland leistet der konfessionelle RU. Die Vorstellung also, religiöse Grundbildung erzwinge einen religionskundlichen Unterricht für alle, ist irrig. Die Umstellung von Input- auf Output-Orientierung hat ja den durchaus positiven Effekt, dass das am Ende zu prüfende Wissen auf ganz verschiedene Weise erworben worden sein kann. Im Ethik-Unterricht, im Geschichtsunterricht, im Politikunterricht und eben auch im RU. Wenn auch der konfessionelle RU in seiner Funktion für religiöse Grundbildung nicht aufgeht, so hat er doch auch diese staatsbürgerlich-zivilgesellschaftliche Funktion zu erfüllen. Gäbe es einen PISA-Test für *religious literacy*, dann könnte man ganz unabhängig von der bildungspolitischen Organisation der Vermittlung von *religious literacy* sehr leicht die Stärken und Schwächen der jeweiligen Modelle zeigen.

b Wenn es sich so verhält, dass Elemente religiöser Grundbildung nicht nur im Religionsunterricht, sondern auch in anderen Fächern angeboten werden, stellt sich die Frage, wo denn die Lehrkräfte die notwendigen Kompetenzen für ihren Unterricht erwerben können? In Berlin und Brandenburg z.B. werden die LER-Lehrkräfte an einem eigenen Institut in Potsdam ausgebildet, die Berliner Ethiklehrkräfte an der Philosophischen Fakultät und die Religionsunterrichtslehrkräfte an der Theologischen Fakultät. Die Modularisierung der Lehrerbildung an den Universitäten böte eigentlich die Möglichkeit, dass beispielsweise Ethiklehrkräfte ihr religiöses Grundwissen durch das Belegen von bestimmten Modulen an der Theologischen und Religionslehrkräfte ihr Grundwissen in Ethik an der Philosophischen Fakultät erwerben könnten. Je mehr die Frage nach Qualitätssicherung in der Schule in den Mittelpunkt rückt, umso mehr sind die Universitäten gefordert, Lehrkräfte gut auszubilden. Je mehr der Fokus auf das Unverzichtbare gerichtet wird, ein umso klareres Bewusstsein müssen die Lehrkräfte von ihrem Gegenstand haben. Je diffuser deren Bewusstsein von ihrem Gegenstand, umso erfolgloser die Bemühungen um *religious literacy*. Das Paradox besteht also darin: Je weniger Zeit man hat, unverzichtbare religiöse Kompetenzen zu vermitteln, umso besser müssen die Lehrkräfte ausgebildet sein.

c Was muss ein religiös grundgebildeter Schüler können?

Die Einheitlichen Prüfungsanforderungen im Abitur (EPAs) sowohl für den Evangelischen wie für den Katholischen Religionsunterricht erwarten von den Abiturientinnen und Abiturienten folgende 5 Kompetenzen:

- Wahrnehmungs- und Darstellungsfähigkeit: religiös bedeutsame Phänomene wahrnehmen und beschreiben;
- Deutungsfähigkeit: religiös bedeutsame Sprache und Zeugnisse verstehen und deuten;

- Urteilsfähigkeit: in religiösen und ethischen Fragen begründet urteilen;
- Dialogfähigkeit: am religiösen Dialog argumentierend teilnehmen;
- Gestaltungsfähigkeit: religiös bedeutsame Ausdrucks- und Gestaltungsformen reflektiert verwenden.

Die zu erwerbenden Kompetenzen für die Grundschule beschreibt die katholische Bischofskonferenz so:

- wahrnehmen und entdecken
- deuten und gestalten
- Fragen stellen und bedenken
- unterscheiden und bewerten
- sich ausdrücken und sich einander mitteilen
- Anteil nehmen und Verantwortung übernehmen.

Die formalen Übereinstimmungen sind evident. Und auch ein Blick in die verschiedenen Kompetenzmodelle nichtkonfessioneller religiöser Bildung zeigt ein großes Maß an Übereinstimmung. Die Auseinandersetzung geht vielmehr darum, welche Kompetenzen denn die Lehrkräfte besitzen müssen, um diese Kompetenzen zu vermitteln.

4   Wie wird *religious literacy* in den USA und in England verstanden?

4.1   *Religious literacy* in den USA

In einer vom Pew Forum durchgeführten Umfrage waren im August 2006 69% aller Amerikaner der Meinung, *„that liberals have gone too far in trying to keep religion out of the school"* und immerhin 58% sind der Meinung, dass neben der Evolutionstheorie auch die *Intelligent Design* Theorie gelehrt werden sollte. Seit den sechziger Jahren sind Schulgebet und Bibellesen aus den öffentlichen Schulen der USA verbannt. Im Jahre 2000 versuchte Michael Newdow auch die tägliche Pledge of Allegiance aus der Schule verbannen zu lassen – und zwar mit dem Argument, dass die Formel *one nation under God* den ersten Verfassungszusatz verletze. Dieser lautet: *„Congress shall make no law concerning an establishment of religion".* In den letzten Jahren gelang es allerdings religiösen Schüler-AGs unter Berufung auf den *Free Speech Act* und den *Equal Access Act* die Gleichbehandlung mit Sport- oder Politik-AGs zu erreichen.

Allerdings erklärte der *Supreme Court* schon in den sechziger Jahren nach der Schulgebetsentscheidung: „Nichts von dem, was wir hier gesagt haben, deutet darauf hin, dass ein Studium der Bibel und der Religion, wenn es objektiv als Teil eines säkularen Erziehungsprogramms präsentiert wird, nicht in Übereinstimmung mit dem *First Amendment* ausgeführt werden kann." Religiöse Themen können an öffentlichen Schulen behandelt werden, wenn sie ein säkulares, also allgemein-pädagogisches Ziel haben, wenn sie weder für eine Religionsgemeinschaft werben noch diese behindern und wenn dies nicht als eine Unterstützung des Staates für eine Religion erscheint.

Mittlerweile entwickelt sich die Fragestellung weg von einer rein defensiven Sicht auf die Religion hin zu der Frage, ob *religious literacy* nicht unverzichtbar ist, wenn man religiöse Pluralität und Religionsfreiheit aufrechterhalten will. Große Aufmerksamkeit zog das Statement *Religious Liberty, Public Education and the Future of American Democracy* aus dem Jahre 2001 auf sich. Dort stellen die Autoren fest: „Öffentliche Schulen müssen Orte sein, an denen Religionen und religiöse Überzeugungen mit Fairness behandelt werden. (…) Schulen demonstrieren Fairness, wenn sie sicherstellen, dass das Curriculum das Studium über Religionen einschließt, (…), als einen wichtigen Teil einer umfassenden Erziehung." Ignoranz und Vorurteil auf dem religiösen Feld gefährden eine Gesellschaft. Unter der Präsidentschaft Bill Clintons veröffentlichte das *Department of Education* einen Teacher's Guide. Dort heißt es u.a.:

> „The school's approach to religion is academic, not devotional.
>
> The school strives for student awareness of religions, but does not press for student acceptance of any religion.
>
> The school may expose students to a diversity of religious views, but may not impose any particular view.
>
> The school educates about all religions, it does not promote or denigrate religion.
>
> The school informs students about various beliefs; it does not seek to conform students to any particular belief."

Inzwischen findet man an vielen Public High Schools ausgesprochene *Bible-literacy-classes*. Also keine *classes in comparative religion*, sondern schlichtweg säkularer Bibelkundeunterricht. Gute Bibelkundekenntnisse als neue amerikanische Bürgerpflicht! Das scheint allerdings auch notwendig zu sein. Die Amerikaner werden ein Volk von biblischen Analphabeten: Während zwei Drittel aller Amerikaner glauben, dass die Bibel Antworten auf „fast alle elementaren Lebensfragen" geben kann, kann nur etwa die Hälfte aller Amerikaner auch nur einen Evangelienautor nennen. Der Name des ersten Buches der Bibel war den meisten unbekannt. Die Herkunft der stolzen Selbstbezeichnung als „city up on a hill" ist nur noch einer Minderheit vertraut. Während säkulare Humanisten die zunehmende Verbreitung von *Bible-literacy-classes* kritisieren, argumentieren Befürworter etwa so:

„Take creationism: unless you are literate in the first two chapters of Genesis, you have no idea what people are fighting about.“ Das Funktionieren des amerikanischen Systems hängt an der Unterscheidung von *teaching religion* – angeblich schlecht – und *teaching about religion* – gut und erlaubt. Die Frage ist freilich, wie diese Unterscheidung im Unterrichtsprozess selbst durchgehalten wird. Was soll man machen, wenn ein frommer Schüler überzeugend argumentiert und andere Schüler damit missioniert? Und was kann man dagegen unternehmen, wenn sich die Schrift dem einen oder anderen Schüler *selbst* auslegt? Wirft man ferner einen Blick in die Lehrerhandbücher der *biblical-literacy-classes*, dann unterscheiden sich die Unterrichtsmethoden der deutschen Religionslehrer von denen der *teaching-about*-Lehrkräfte in den USA nur geringfügig.

4.2 Das englische Modell: *learning about* und *learning from religion*

In England ist das Fach Religious Education staatliches Pflichtfach für alle Schülerinnen und Schüler, unabhängig von ihrer Religion, ihrer Ethnie, ihrer sozialen Lage und ihrem Geschlecht. Es wird im Klassenverband unterrichtet. Das Fach soll Schülerinnen und Schüler befähigen, ihre eigenen und andere Glaubensüberzeugungen und Kulturen wertzuschätzen und zu verstehen, welche Wirkungen diese auf Individuen, Gemeinschaften, Gesellschaften und Kulturen haben. RE will das Selbstbewusstsein und das Selbstwertgefühl der Schülerinnen und Schüler entwickeln. RE ist wichtig für die Entwicklung der Schülerinnen und Schüler zu aktiven und verantwortungsbewussten Bürgerinnen und Bürgern.

Learning about religion will das Wesen der Religion, ihre Überzeugungen, ihre Lehren, ihre Lebensform, ihre Quellen, ihre Praktiken und ihre Ausdrucksformen untersuchen.

Learning from religion fördert die Reflexion der eigenen Erfahrungen der Schülerinnen und Schüler im Licht des im *Learning about religion* Gelernten. Applikation, Evaluation und Interpretation sind wichtige Fähigkeiten, die in diesem Bereich entwickelt werden.

Für das englische Curriculum war die Religionsphänomenologie Ninian Smarts prägend. Smarts Interesse an einer deskriptiven Morphologie ließ ihn zwischen religiösen Erfahrungen, religiösen Lehren, Ethiken, Institutionen, Ritualen und religiösen Orten unterscheiden. Allerdings ging es ihm nicht um eine äußerliche Beschreibung der religiösen Phänomene, sondern um den Versuch, die Beziehung zwischen dem Glaubenden und seinem Objekt zu erfassen. Welche Bedeutung haben die religiösen Objekte – Symbole, Rituale, Gebäude, Dogmen – für die Gläubigen selbst?

Einen Zugang zu den verschiedenen Religionen sucht das englische Modell beispielsweise durch einen Vergleich der Rituale bei bedeutsamen Lebensübergängen:
Was tun eigentlich die verschiedenen Religionen, wenn ein Kind geboren wird?
Christen taufen, Juden beschneiden etc. Welche Rituale finden wir im Übergang
von der Kindheit zur Pubertät: Christen konfirmieren, Sozialisten führen eine Ju-
gendweihe durch. Wie wird mit Essen umgegangen, wie wird Zeit strukturiert?
Was tun die Religionen mit dem Leichnam, wenn jemand stirbt?

Für einen ersten Zugang zur Religion ist das plausibel. Allerdings stellen sich
dann Probleme ein, wenn der theologische Sinn erschlossen werden soll. Weder die
Taufe noch die Beschneidung sind Feste, in denen sich Juden und Christen über
ihre Reproduktionsfähigkeiten freuen. So sehr man den volksreligiösen Wunsch
nach Biografiebegleitung auch anerkennen kann, der theologische Sinn besteht
doch gerade darin, dass sich beide Male Gott dem Menschen einschreibt. Die Religionsphänomenologie schattet das Theologische ab und vergleichgültigt es.

Ein zweites Problem kommt hinzu:

Als Beobachter religiöser Phänomene ist eine Reflexion des eigenen Beobachter-
status notwendig: Ich kann die Praktizierenden nicht aus einer rein ästhetischen
Perspektive verstehen. Ohne eine Vorstellung vom inneren Engagement der eine
Religion Praktizierenden werden sich die beobachteten Rituale dem Beobachter
nicht erschließen können. Nur dann, wenn der Beobachter eine Vorstellung von der
in jedem religiösen Akt enthaltenen *Selbstwahl* entwickelt hat, kann sich ein Verständnis für das Religiöse in religiösen Ritualen erschließen.

Es wird also nicht nur das Theologische abgeschattet, auch die Notwendigkeit
einer individuellen Wahl, einer *Hairesis*, für ein volles Verständnis des Religiösen
wird verdunkelt.

Die Lektüre eines Harry Potter Buches mag als Beispiel dienen. Die Lust des
Lesens entsteht durch die Identifikation des lesenden Kindes mit den Protagonisten.
Nur wenn man sich in die Geschichte hineinziehen lässt, kann man sie tatsächlich
verstehen. Nun stelle man sich ein Kind vor, dass zwar seine Lesefähigkeit unter
Beweis stellen kann, aber zu keinerlei Akten der Identifikation fähig ist. Würden
wir dem Kind Lesefähigkeit in einem Vollsinn des Wortes zubilligen?

Auf *religious literacy* übertragen: Hat jemand das Gleichnis vom Barmherzigen
Samariter tatsächlich verstanden, wenn der Wunsch, es dem Samariter gleich zu
tun, nicht wach wird? Kann man jemandem *religious literacy* attestieren, der zwar
die biblischen Schriften kennt, der sich aber zu keinem Zeitpunkt gefragt hat, ob
das Gelesene etwas mit ihm selbst zu tun hat? Setzt Religion nicht ein sich selbst an
das Religiöse entäußerndes Subjekt voraus?

Eine ganze Reihe jüngerer englischer Autoren fragen aus diesem Grunde, ob das religionsphänomenologische Modell der *religious literacy* nicht eigentlich die *religious illiteracy* fördert, weil

- theologische Unterschiede eingeebnet werden,
- und die dem religiösen Akt eigene Selbstwahl abgeschattet wird.

Religion wird so zu einem Alltagsphänomen, eingebettet in eine Alltagskultur: kommod, sicher, neutralisiert. Das Ungeheuerliche, das den Alltag Überschreitende, das Gefühl schlechthinniger Abhängigkeit bei der Anschauung des Universums geht dabei schlicht verloren. Es wird zwar noch die Vorstellung eines christlichen Erbes vermittelt, das Beunruhigende, die Infrage stellende Kraft der jeweiligen Religionen aber geht verloren. Besonders bedrückend wird das dann erfahrbar, wenn die das Vorfindliche überschreitende Kraft des christlichen Glaubens für das Linsengericht der Rede von „christlichen Werten" eingetauscht wird. Das ist schlechter Kulturprotestantismus!

Der Zugang zur Religion über den Religionsvergleich kann zu der irrigen Annahme führen, alle großen Weltreligionen seien letztlich nur verschiedene Variationen einer einzigen Entität, nämlich Variationen von Religion überhaupt. Religion gibt es aber nur im Plural. So wenig man Sprache überhaupt lernen kann, sondern eben nur Deutsch, Englisch und Französisch, so unmöglich ist es, etwas über Religion zu lernen, indem man eine Superstruktur über die jeweiligen Religionen legt, ohne je eine von diesen selbst zu kennen. Selbstverständlich kann man andere Religionen jenseits der eigenen studieren. Aber wie beim Sprachunterricht gelingt das umso besser, je vertrauter man mit den Strukturen der eigenen Sprache ist.

Als christlicher Theologe staune ich nicht schlecht, wenn Bildungspolitiker fest daran glauben, dass eine Universitätsdisziplin wie die „Religionswissenschaften" imstande wäre, das notwendige Wissen zum Verständnis der großen Weltreligionen bereitzustellen. Ich studiere christliche Theologie mittlerweile im 68sten Semester und muss bekennen, dass ich bereits mit meinem begrenzten Feld der Praktischen Theologie mehr als genug damit zu tun habe, das Wesen und die Dynamik des Christentums zu erfassen, geschweige denn angemessen zu lehren. Wie aber ein einziger Religionswissenschaftler ohne eingehendes Studium der Sprache, des Alltags, der Kultur einer ihm fremden Religion alle großen Weltreligionen lehren kann, wird mir immer ein Rätsel bleiben. In jedem Fall handelt es sich um ein riskantes Unterfangen, das die Gefahr eines ganz und gar unangemessenen Reduktionismus in sich birgt. Die Gefahr der Trivialisierung des Religiösen droht.

Selbstverständlich wird jeder religiöse Alphabetisierungsbemühungen befürworten. Die Frage ist aber: mit Hilfe welchen Alphabets versuchen wir, das Religiöse zu erschließen? Erfinden wir ein religionswissenschaftliches Esperanto? Oder

müssen wir nicht notwendig auf die Alphabete der jeweiligen Religionen zurück-
greifen, wenn wir diese – und von diesen ausgehend auch andere – verstehen wollen?

5   Lebensskript und Literalität

Französische Poststrukturalisten, wie beispielsweise Michel Foucault, haben mit
Nachdruck darauf hingewiesen, dass die moderne Gesellschaft nicht nur Papier beschreibt, sondern dass sich eine Gesellschaft auch in die Seelen und Körper ihrer
Mitglieder „einschreibt". Eine Kultur ist ein nahtloses Netz von Zuschreibungen
und Einschreibungen und Verweisungen, das schließlich den weltanschaulichen
Horizont bildet, vor dem wir unser Leben führen. Der von der Transaktionsanalyse
entwickelte Begriff des Lebensskriptes weist darauf hin, dass sich uns von klein auf
kulturelle Botschaften einschreiben. Noch bevor wir die Welt kennen lernen, wird
uns eine Welt versprochen, noch bevor wir selbstständig handeln, werden uns von
ganz verschiedenen Kulturagenten: Eltern, Lehrern, Freunden, Medien eine ganze
Reihe, manchmal auch widersprüchliche Gebrauchsanweisungen für die Welt eingeschrieben. Die Schule spielt dabei eine herausragende Rolle. Die jährlichen
Zeugnisse ebenso wie die alltäglichen Urteile schreiben sich den Schülerinnen und
Schülern unweigerlich ein: Ich bin mehr oder weniger gut, ich kann das mehr oder
weniger gut. Ich bin wertvoll, ich bin wertlos: all das sagt sich ein Kind nicht
selbst. Es wird ihm nahe gelegt und eingeschrieben.

Auf das Erschreckende, nachgerade Entsetzliche dieses Einschreibungsprozes-
ses hat Franz Kafka in seiner Erzählung „In der Strafkolonie" aufmerksam gemacht. In der Strafkolonie, die sich auf einer tropischen Insel befindet, werden die
Verurteilten auf eine Liege gelegt und dann wird ihnen von einer Egge mit zahllo-
sen kleinen Nadeln der ihnen bis dahin nicht bekannte Urteilsspruch in die Haut
geritzt. Ein von dieser Weise der Bestrafung zutiefst überzeugter Offizier versucht,
einen Besucher, der das Verfahren als grausam ablehnt, von dessen Wert zu überzeugen, indem er sich selbst unter die Egge legt.

Ich habe diese Erzählung Kafkas immer auch als eine eindrückliche Warnung
vor pädagogischem Übereifer gelesen – und als eine Forderung, die Integrität und
die Freiheit höher zu schätzen als das Bedürfnis, zu beeinflussen. In jedem Fall erinnert Kafkas Erzählung daran, dass das Hineinwachsen in eine Gesellschaft Spuren auf und in uns hinterlässt. Erfahrene Lehrkräfte wissen das und bemühen sich
positive Botschaften anstelle der allfälligen negativen einzuschreiben. „Ich habe
gelernt", sagte mir eine Hauptschullehrerin, „dass man nie ‚Nein' sagen soll, wenn
man es auch positiv ausdrücken kann. Vor allem Kinder in der Pubertät empfinden

eine negative Aussage wie eine Herabsetzung, wie einen Schlag ins Gesicht. Ich habe also gelernt, anstatt ‚Nein‘ zu sagen, einen anderen Vorschlag zu machen: ‚Wäre es nicht besser, wenn …‘"

Wenn die These stimmt, dass Religion und Subjektivität untrennbar zusammen gehören, dann gehört zur *religious literacy* auch die Entwicklung der Fähigkeit, das eigene Lebensskript lesen zu können. Diese Kompetenz wird sich selbstverständlich jeder Testung entziehen. Aber alle kleinschrittigen Teilkompetenzen zielen letztlich darauf, den Heranwachsenden zu einem selbstbestimmten Umgang mit sich selbst anzuleiten. Und nur sofern alle testbaren Kompetenzen zu jener nicht mehr testbaren Freiheit einen wesentlichen Beitrag leisten, sind sie legitim. Oder, um es mit jenem bekannten Beispiel zu sagen: Gib einem Hungrigen einen Fisch und er wird für einen Tag zu essen haben, lehre ihn das Fischen und er wird nicht mehr hungern.

Literacy meint nicht nur Lese-, sondern auch Schreibfähigkeit. Zur Fähigkeit, wenigstens Teile des eigenen Lebensskriptes entziffern zu können, muss die Fähigkeit treten, dieses gegebenenfalls zu überschreiben. Freiheit ist auch die Fähigkeit, die eigene Zukunft nicht gänzlich von der eigenen Herkunft bestimmt sein zu lassen. Wer lesen und schreiben kann, ist traditionsfähig. Wer sich selbst lesen und überschreiben kann, ist aber auch zukunftsfähig.

Die Metapher vom Überschreiben des eigenen Lebensskriptes legt die Vorstellung nahe, den Menschen wie ein Palimpsest zu verstehen. Ein Palimpsest ist eine wieder verwendete Handschrift. Weil der Beschreibstoff, das Pergament, im Mittelalter kostbar war, schabte man für weniger wertvoll erachtete Texte vom Pergament ab und beschriftete es neu. Gänzlich getilgt werden konnte der alte Text freilich nicht.

In der französischen Kulturtheorie erfreut sich die Metapher des Palimpsests großer Beliebtheit. Wie die Metapher von der Archäologie des Wissens darauf aufmerksam machen will, dass das heute Sichtbare nur eine Schicht ist, die auf anderen Schichten des Wissens aufruht, und die ihrerseits wieder vergehen wird, so weist die Metapher vom Menschen als Palimpsest darauf hin, dass sich Menschen nicht wie Pflanzen aus einem Samenkorn mit naturhafter Notwendigkeit zu einer Rose entwickeln, sondern dass der Prozess der Entwicklung durch eine Fülle von kontingenten Einschreibungen, aber auch Selbstzuschreibungen bestimmt ist.

Die Fähigkeit also sich selbst lesen, sich selbst aber auch etwas zuschreiben zu können ist eine Voraussetzung für Bildung als Selbstbildung. Sie merken: Die von mir verwendeten Metaphern beginnen Grenzen zu überschreiten: Vom das Hören – uns wird eine Welt versprochen – über das Lesen: das Lesen des eigenen Lebensskriptes – gelangen wir zum Bilden, zum Menschen als dem Ebenbild Gottes. Ich will aber der Versuchung widerstehen, die wohl bekannten Vorstellungen von der

Einbildung Gottes in den Menschen zu wiederholen. Ich möchte vielmehr darauf hinweisen, dass auch die Metapher eines sich uns einschreibenden Gottes in der Bibel zu finden ist.

In Jeremia 31 heißt es: „Siehe es kommt die Zeit, spricht der Herr, da will ich … einen neuen Bund machen, nicht wie der Bund gewesen ist, … welchen Bund sie nicht gehalten haben und ich sie zwingen musste (32) sondern das soll der Bund sein, den ich mit dem Hause Israel machen will nach dieser Zeit spricht der Herr: Ich will mein Gesetz in ihr Herz geben und in ihren Sinn schreiben; und sie sollen mein Volk sein, so will ich ihr Gott sein; und es wird keiner den andern, noch ein Bruder den andern lehren und sagen: ‚Erkenne den Herrn!', sondern sie sollen mich alle kennen, beide klein und groß, spricht der Herr. Denn ich will ihnen ihre Missetat vergeben und ihrer Sünde nimmermehr gedenken."

Welch ein modernes religionspädagogisches Programm! *Religious literacy* in einem theologisch eminenten Sinn ist demnach die schlichte Kenntnis der Tatsache, dass Gott selbst sich uns in unser Herz und in unseren Sinn eingeschrieben hat. Alles pädagogische Bemühen hätte also dahin zu gehen, diese theologische Wahrheit aufzudecken. Der Text pointiert ein religionspädagogisches Paradox sehr klar: Der Appell von einem an den anderen „Erkenne den Herrn" ist kontraproduktiv, denn Gott selbst hat sich jedem einzelnen schon bekannt gemacht. Der Weg zu Erkenntnis Gottes geht gerade nicht über die Nachfolge der Wege anderer, sondern über die Suche des je eigenen Weges, die Einschreibung Gottes in mein Herz und meinen Sinn zu erkennen. Diese Einschreibung wird bei jedem Menschen eine eigene Gestalt annehmen. Während die Gesetzestafeln des alten Bundes allen äußerlich, dafür aber für alle gleich waren, erhält das Gesetz des neuen Bundes eine je eigene Gestalt, die nur individuell entziffert werden kann.

Darauf käme es dann also bei der *religious literacy* eigentlich an: dass die Heranwachsenden zu entziffern lernten, wie Gott sich ihnen eingeschrieben hat. Das ist bei den vielen Einschreibungen nicht einfach. Wenn die Moderne etwas von traditionalen Gesellschaften unterscheidet, dann ist es die Fülle der Einschreibungen in die Seelen und Körper der heranwachsenden Generation. Es geht darum, sie darin gewiss zu machen, dass in der verwirrenden Fülle von Einschreibungen ein Schriftzug Gottes zu finden ist, sie ferner zu vergewissern, dass es sich nur dann um einen Schriftzug Gottes handelt, wenn damit eine Verheißung verbunden ist, wenn sie sich in das Licht der Verheißung gestellt sehen.

Ich fasse zusammen: *Religious literacy* zielt in allen ihren Dimensionen auf eine Befreiung des Menschen:

- Es geht in ihrer politischen Dimension um die Befreiung von einer Kultur des Schweigens. Darauf hat Paolo Freire aufmerksam gemacht.

- Es geht in ihrer religionsvergleichenden Dimension darum, Vorurteile zu über-winden und Gesprächsfähigkeit zu ermöglichen.
- Es geht in ihrer kulturellen Dimension darum, die eigene Kultur zu deuten.
- Es geht in ihrer expressiven Dimension darum, am religiösen Leben zu partizi-pieren.
- Und es geht in ihrer theologischen Dimension darum, in der Fülle von Ein-schreibungen den Schriftzug Gottes zu erkennen.

Religiöse Bildung als Teil der Allgemeinbildung: Das Konzept der Spiritualität

Wilhelm Gräb

Evangelische Schulen sind in Berlin sehr beliebt. Es könnten noch viele neue gegründet und eingerichtet werden. Dennoch überstiege vermutlich die Zahl der Bewerbungen die verfügbaren Plätze. Eltern und Schüler geben damit ein deutliches Zeichen, dass eine Erziehung im evangelischen Geist und die Bildung zum Christentum auch im angeblich so säkularen Berlin von vielen gewünscht werden. Aber wir wissen alle, dass dies die maßgeblichen politischen Kräfte in der Hauptstadt unseres Landes doch nicht davon abhält, nach Kräften auf eine Marginalisierung des Religionsunterrichts in den Sekundarstufen der Berliner Schulen hinzuwirken und statt dessen ein Fach namens Ethik als ein für alle Schüler verbindliches, werteorientierendes Fach einzuführen.

Nichts gegen ein Schulfach Ethik. Wer sollte etwas dagegen einzuwenden haben, dass es an den Schulen ein Fach gibt, das die Bildung zu einer an Grund- werten wie Demokratie, Freiheit, Toleranz und Solidarität orientierten Humanität sich zum Ziel setzt. Wir brauchen ein solches Bildungsziel für unsere Schulen, gerade angesichts der Tatsache, dass der religionskulturelle Pluralismus in unsere Gesellschaft immer härtere Formen annimmt, die gesellschaftliche Integration vieler Migranten nur mühsam gelingt und in manchen Stadtteilen Berlins die Entwicklung undurchlässiger Parallelgesellschaften sich abzeichnet. Dennoch zeigt der Anspruch, mit dem das obligatorische Fach Ethik von politischer Seite aufgeladen wird, eine auffällige Ignoranz gegenüber dessen eigenen religionskulturellen Implikationen. Man verschleiert die religiös-weltanschaulichen Einschlüsse des Faches Ethik, weil man meint, nur mit der Ausklammerung der Religion eine integrative Werteerziehung realisieren zu können.

Dabei verläuft die Argumentation im Berliner Rahmenplan für das Fach Ethik,[1] das seit 2006 als obligatorisches Unterrichtsfach, ohne „Religion" als Alternative, eingerichtet ist, zutiefst widersprüchlich. Mit dem Fach Ethik wird einerseits der Anspruch verbunden, dass es auf der Basis der fachlichen Orientierung, die die Ethik als philosophische Disziplin seit über zweitausendfünfhundert Jahren ermög-

---

1 Vgl.: Berliner Rahmenlehrplan für die Sekundarstufe I – Ethik, in:
   www.berlin.de/imperia/md/content/sen-bildung/schulorganisation/lehrplaene/sek1ethik.pdf.

liche, elementare Lebens- und Wertorientierungen „religiös und weltanschaulich neutral" vermittle.[2] Andererseits wird behauptet, dass dieses „religiös und weltanschaulich neutrale" ethische Orientierungswissen gerade nicht „wertneutral" unterrichtet werden könne.[3] Der Berliner Rahmenlehrplan für das Fach Ethik bekennt sich denn auch zu einem bestimmten Humanitätsideal, das auf eine mehr als zweitausendfünfhundertjährige Tradition philosophischer Ethik zurückgehe, zudem in die Grundwerte unserer Verfassung eingegangen sei und ohnehin auf allgemeine Zustimmung in unserer Gesellschaft rechnen dürfe. Wer den Rahmenlehrplan liest, dem fallen freilich auch die christentumskulturellen Einschlüsse ins Auge: „Die Jugend soll im Geiste der *Menschlichkeit*, der *Demokratie* und der *Freiheit* erzogen werden. Dazu gehören Toleranz und Achtung anderer Überzeugungen, Verantwortung für die Erhaltung der natürlichen Lebensgrundlagen und Vermeidung gewaltsamer Konfliktlösungen."[4] Die behauptete religiös-weltanschauliche Neutralität dieser Maximen ist pure Fiktion, wie auch nicht nachvollziehbar ist, dass das Fach Ethik sowohl wertgebunden, als zugleich auch religiös und weltanschaulich neutral soll unterrichtet werden können.

Die Ethik der Humanität, die man zu Recht auf die alten Griechen zurückführen mag, von der aber ebenso zugegeben werden muss, dass an ihrer mehr als zweitausendfünfhundertjährigen Geschichte das Christentum kräftig mitgearbeitet hat, ist in diese bestimmten, religionskulturellen Zusammenhänge eingebunden. Dass die religionskulturellen Implikationen der Ethik der Humanität in einem dieser Ethik verpflichteten Ethikunterricht – oder besser noch, in einem parallel auf die Religion konzentrierten Religionsunterricht – aufgedeckt und besprochen werden müssten, sollte allen Gebildeten, sogar den Gebildeten unter den Verächtern der Religion, eigentlich klar sein. Statt dessen aber geht von der Etablierung des Faches Ethik als allgemeinverbindlichem Unterrichtsfach – ohne Religion als Alternative – für alle Schüler und Schülerinnen ab Klasse 7 die Botschaft aus, die Religion müsse neutralisiert und aus dem Unterricht ausgeklammert werden, weil nur so eine allgemeine, vernünftige Basis für den werteerziehenden Unterricht gewonnen werden könne. Die Ethik, so wird suggeriert, ist an allgemeingültigen Werten wie Menschlichkeit, Demokratie und Freiheit orientiert. Darin sollten alle gebildet sein und trotz ihrer religiös-weltanschaulichen Differenzen problemlos übereinstimmen können. Unterricht in Religion hingegen, so der indirekte Verweis, ist nicht „bekenntnisfrei"[5], wie der Unterricht im Fach Ethik zu sein vorgibt, sondern eben bekenntnisgebunden, somit ein Unterrichtsfach, das auch den bekenntnisgebundenen Religionszu-

---

2   A.a.O., 10.
3   Ebd.
4   Ebd.
5   Ebd.

gehörigen vorbehalten bleiben solle. Ein bekenntnisgebundener, nach Religions- und Konfessionszugehörigkeit getrennter Religionsunterricht, so wird offensichtlich angenommen, verstärkt die mit den Religionszugehörigkeiten verbundenen kulturellen und sozialen Unterschiede. In „Religion" seien deshalb auf freiwilliger Basis nur diejenigen zu unterrichten, die, aus welchen unerfindlichen Gründen auch immer, einer Religionsgemeinschaft oder Kirche angehören und es auch in der Schule nicht lassen können, sich zu den Absonderlichkeiten ihres religiösen Glaubens zu bekennen.

Ganz offenkundig gilt die behauptete, religiöse und weltanschauliche Neutralität des Faches Ethik als Erfüllung der Zugangsbedingung zum Kanon der ordentlichen Unterrichtsfächer. Der Religionsunterricht kann dieser Bedingung aufgrund seiner Bekenntnisbindung – so die erzwungene Schlussfolgerung – nicht entsprechen. Der Trick der Unterscheidung von Bekenntnisbindung einerseits (Religion) und Wertbindung andererseits (Ethik) dürfte sich jedoch kaum als tragfähig erweisen. Allzu offenkundig sind die religiös-weltanschaulichen Implikationen in jedem an bestimmten Werten orientierten Ethikkonzept. Außerdem wird man sich angesichts einer Turbulenz – um nicht zu sagen ‚Anarchie' – der Werte, wie wir sie in unserer modernen bzw. postmodernen Gesellschaft beobachten können, zu den Werten, die es im Unterricht zu vermitteln gilt, in irgendeiner Weise immer auch bekennen müssen. Freilich, dies hat im schulischen Unterricht so zu geschehen, dass die eigene ethische Urteilsfähigkeit der Schüler gefördert wird, also keine Indoktrination durch die Lehrpersonen stattfindet. Das gilt aber im Religionsunterricht genauso. Dass dies gelingt, dafür ist nicht zuletzt die pädagogische und didaktische Ausbildung der Lehrer und Lehrerinnen da.

Die Ausklammerung des Faches Religion aus dem obligatorischen Fächerkanon, damit eben letztendlich auch der Ausschluss der Religionsthematik aus der Allgemeinbildung, verkennt genau den Sachverhalt, der nun glücklicherweise das Thema der diesjährigen Barbara-Schadeberg-Vorlesungen in Berlin bildet. Es wird nämlich nicht gesehen, dass es kaum gelingen dürfte, die Welt zu begreifen, auch nicht die Kultur der ethischen Intuitionen und moralischen Orientierungen, ohne die Religion und die Religionen wahrzunehmen und ansatzweise zu verstehen. Eigentlich müsste das jedem klar sein und außerhalb Berlins ist das glücklicherweise den meisten Zeitgenossen auch klar: Religiöse Bildung, eine Kenntnis der elementaren Symbole und Rituale des Christentums, dann auch des Judentums und des Islam, des näheren vor allem biblisches Grundwissen, gehören zur Allgemeinbildung, also zu den Kompetenzen, die es braucht, um sich in unserer Welt und Gesellschaft zu orientieren, sich am gesellschaftlichen Wertediskurs beteiligen zu können und somit recht eigentlich handlungsfähig zu sein. Im Grund genügt eben schon die Aufmerksamkeit auf den Tatbestand, dass der Berliner Rahmenplan mit

dem in der Sache unmöglichen, zutiefst widersprüchlichen Eingeständnis der notwendigen Wertbindung der Ethik einerseits, der Behauptung ihrer religiös-
weltanschaulichen Neutralität andererseits, operieren muss, um die Zugehörigkeit
religiöser Bildung zur schulischen Allgemeinbildung in die Augen springen zu lassen. Werte bilden sich überhaupt nur in religiösen und weltanschaulich geprägten
Kulturformationen.[6] Die religiös-weltanschaulichen Implikationen lassen sich, wie
gesagt, auch aus der mehr als zweitausendfünfhundertjährigen Tradition philosophischer Ethik eben nicht heraus destillieren. All das wissen natürlich auch die am
Rahmenlehrplan des Faches Ethik beteiligten Philosophen, Pädagogen und Kultur-
politiker. Aber es wird absichtsvoll verschwiegen, weil man einer schul- und religionspolitischen Strategie zur Eliminierung religiöser Bildung aus dem Kanon schulischer Allgemeinbildung gehorcht.

Wem die Brisanz der Religionsthematik und die Bedeutung religiöser Bildung,
als zugehörig zur Allgemeinbildung, aufgrund alter Vorurteile dem Religionsunterricht gegenüber verborgen bleiben musste, dem hätte sie eigentlich angesichts der
enormen publizistischen Resonanz der Rede von der „Wiederkehr der Religion" in
den letzten Jahren klar werden müssen. Das Religionsthema hat schließlich in viel-
facher Hinsicht an Aufmerksamkeit gewonnen. Anlass dazu waren ebenso auffällige wie strittige Veränderungen in Politik, Gesellschaft und Kultur. Der bildungspo-
litische Streit um den Ethik-Unterricht im Lehrbetrieb der Berliner Schulen ist ja
nur ein besonders unrühmliches Beispiel dafür, dass wir vor religionspolitischen
Auseinandersetzungen stehen, die an Schärfe zunehmen. Die Streitfragen und Vor-
kommnisse, die die Religion neu auf die Tagesordnung gesetzt und in die Debatten
der Feuilletons der großen Tageszeitungen eingebracht haben, reichen vom Gottesbezug in der Verfassung Europas über den politischen Einfluss der religiösen Rechten in den USA bis zur Medienpräsenz des Papstes, vom Lob über die Schönheit
des Korans bis zu den ideologischen Hintergründen islamistischer Terroranschläge.
Säkularisierungstheorien, die von einem Absterben der Religion in der modernen
Kultur meinten ausgehen zu müssen, gelten als durch die historischen Tatsachen
widerlegt. Die alten Religionen, auch das Christentum, verzeichnen in vielen Welt-
gegenden einen enormen Zuwachs. Über die Bedeutung und Rolle der Religion in
Politik und Kultur wird auch hierzulande wieder eifrig diskutiert.[7]

Außerdem suchen viele Menschen nach der spirituellen Dimension in ihrem
Leben, nach neuen Möglichkeiten, sie zu entdecken und auszubilden. Die Suche
nach religiös fundiertem Lebenssinn führt zwar nicht immer ins Christentum und
seine Kirchen, aber diese sind und bleiben dabei doch im Blick. Religiöser Lebens-

---

6   Vgl. Hans Joas, Die Entstehung der Werte, Frankfurt am Main 1997.
7   Vgl. Christina von Braun, Wilhelm Gräb, Johannes Zachhuber (Hg.), Säkularisierung. Bilanz
    und Perspektiven einer umstrittenen These, Münster 2007.

sinn wird allerdings oft auch in Symbolen, Ritualen und meditativen Praktiken anderer Religionen gesucht. Viele finden quasireligiöse Sinnerfüllung außerdem in ästhetischen Erfahrungen. Inhaltlich unbestimmte Transzendenzgefühle treten an die Stelle dessen, was die christliche Theologie in christologischer Bestimmtheit als Begegnung mit dem in Jesus Christus Mensch gewordenen, in seinem Geist lebendigen, dreieinigen Gott durchdenkt.

Die Suche nach unbedingtem Sinn, die Sensibilität für letzte Fragen lässt aber auch neu auf das Sinndeutungspotential der christlichen Symboltraditionen aufmerksam werden. Es wächst wieder die Einsicht, dass es in und mit der Religion um Sachverhalte geht, die nicht allein die absonderliche Sorte kirchengläubiger Menschen betreffen, sondern tatsächlich die grundlegenden Elemente, ja die eigentlichen Quellen unserer Lebenssinngewissheit ausmachen.

Die Aufmerksamkeit auf die Zugehörigkeit religiösen Glaubens zu dem, was der Berliner Rahmenlehrplan des Faches Ethik als Ziel des Unterrichts in diesem Fach beschreibt und in der Chiffre vom „gelingenden Leben" zusammenfasst,[8] steigert ebenfalls bei vielen die Einsicht in die Dringlichkeit religiöser Elementarbildung. Diese Einsicht müsste sich erst recht allgemein durchsetzen, wenn zugleich die hochgradige Ambivalenz und Deutungsbedürftigkeit der religiösen Symbole gesehen wird. Die religiösen Deutungskategorien sind eben heute nicht nur höchst plural, sondern in hohem Maße deutungsoffen und deutungsbedürftig. Deshalb wird religiöse Bildung unter den Bedingungen der modernen Kultur so wichtig und es sollte eigentlich allen klar sein, dass schulische Allgemeinbildung auf sie nicht verzichten kann.

Der Pluralismus, die Ambivalenz und Deutungsbedürftigkeit der religiösen Symbolsprachen fordert uns keineswegs nur heraus, wenn es um die Religion der anderen geht. Auch die Symbole des christlichen Glaubens verlangen immer wieder neu nach Auslegung und Deutung, damit wir uns ihren Sinnorientierungsgehalt aneignen können. Andernfalls besteht die Gefahr, dass auch im Umkreis des Christentums religiöse Gewissheitspotentiale in fundamentalistische Unduldsamkeit umschlagen. In Geschichte und Gegenwart des Christentums wurden immer wieder

---

8   Vgl. a.a.O.: „Im Mittelpunkt der Ethik steht das Verhältnis des Menschen zu sich selbst, zur Mitwelt und zur Umwelt und damit die Frage: „Was ist ein gutes Leben und wie kann man es führen?" Die Ethik geht davon aus, dass alle Menschen ein grundlegendes Interesse daran haben, dass ihr Leben gelingt, und dass sie das Recht haben, selbstständig und bewusst entscheiden zu können, was das eigene Leben zu einem guten, sinnvollen und wertvollen, kurz: zu einem gelingenden Leben macht. Da aber von Natur aus nicht für alle Menschen und alle Zeiten feststeht, wie man leben sollte, ist jeder Einzelne seit jeher auf kulturelle Interpretationen des guten Lebens angewiesen. Diese stehen im Kontext von Religion, Politik, Ökonomie und Recht, in dem sich die persönliche Identität jeweils in konkreten und historisch gewachsenen Traditionen bildet."

Jesu Friedensethik verraten, werden die Mächte des Bösen, der Gewalt und des Terrors religiös legitimiert. Die Sprache des Glaubens umfasst schließlich die tiefsten Gegensätze, Himmel und Hölle, Engel und Dämonen, das Glück und die Not. Wer sich in diesen Gegensätzen nicht mit Verstand zu bewegen weiß, lebt gefährlich. Religion ist nie nur gut, sondern kann immer auch dämonisch werden. Denn es gehört zum Wesen einer jeden Religion, auch des christlichen Glaubens, dass sie die Kontingenz des Lebens bewusst machen und die Komplexität der Dinge reduzieren. Der christliche Glaube bremst die Reflexion aus. Er kennt genauso aber auch den nie rastenden Grübelsinn, die Fraglichkeit des Bestehenden, die Kritik über Zustände, die unstillbare Sehnsucht nach dem Vollkommenen. Dann artikuliert er, dass noch nicht erschienen ist, was wir sein werden. Auch ist der christliche Glaube gerade in seinem spirituellen Selbstverständnis heute oft mehr Frage als Antwort, eher eine Bewegung der Suche und gesteigerter Kontingenzsensibilität als die Gewissheit des Gefundenhabens und der Sicherung des Bestehenden.

Es sind nicht zuletzt diese Unübersichtlichkeit der Spuren des Religiösen, sodann die Vielfalt der Religionen, einschließlich der Deutungsfähigkeit wie Deutungsbedürftigkeit ihrer Symbolsprachen, die Einsicht letztendlich in die konstitutive Zugehörigkeit der Religion zum Menschlichen, die es heute unabdingbar machen, Religion an unseren Schulen zu lehren und zu lernen. Ordentlicher Religionsunterricht führt zur Bildung im Christentum, bemüht sich aus der näheren Kenntnis des christlichen Glaubens genau so aber auch um das Verständnis anderer, fremder Religionen und natürlich um all jene Themen, die auf dem Lehrplan eines an Humanität, Demokratie und Freiheit orientierten Ethikunterrichts stehen (In den 1970er und 1980er Jahren hat man dem Religionsunterricht in den nunmehr alten Bundesländern vielfach vorgehalten, dass er sich zu ausschließlich auf diese Ethikthemen und Wertedebatten konzentriert habe!). Der Religionsunterricht vermittelt schließlich auch eine Kenntnis der Transformationen des Religiösen in unserer ebenso differenzierten wie positionelle Differenzen und religiöse Zugehörigkeiten oder Nichtzugehörigkeiten nivellierenden Medienkultur.

Wir stehen jedoch hier in Berlin, wie nun schon angesprochen, immer noch in religionspolitischen Auseinandersetzungen um den Religionsunterricht und seine Berechtigung als ordentliches Unterrichtsfach an den staatlichen Schulen. Hier in Berlin wird, indem der Religionsunterricht nicht als Alternative zum Fach Ethik als gleichberechtigtes ordentliches Unterrichtsfach gewählt werden kann, die Auffassung aufrechterhalten, dass ein Unterricht in Religion kein Bestandteil schulischer Allgemeinbildung sein muss. In ethischen Fragen sollen alle gebildet sein, nicht jedoch in Religion. Religiöse Bildung darf zwar auf freiwilliger Basis unterrichtet werden. Sie kann in der staatlichen Schule einen Ort finden, muss es aber nicht.

Der Bildungsauftrag der Schule kann somit auch dort als erfüllt gelten, so die implizite Botschaft der Berliner Verhältnisse, wo Schüler/innen keine religiöse Bildung erfahren haben. Begründet wird dies mehr oder weniger explizit damit, dass Religion eine Angelegenheit der Kirchen und der anderen Religionsgemeinschaften sei, nicht aber der staatlichen bzw. öffentlichen Schule. Unterricht in Religion, so wird unterstellt, erfolgt im besonderen Interesse der Kirchen und Religionsgemeinschaften, liegt aber nicht in einem dem gesellschaftlichen Ganzen verpflichteten Interesse der staatlichen, öffentlichen Schule. Religion ist demnach das Partikulare und Regionale, immer von besonderen soziokulturellen Zugehörigkeiten und religiösen Bekenntnisbindungen abhängig. Soll dennoch ein Unterricht für alle sein, in dem die Wertbindungen des gesellschaftlichen Zusammenlebens vermittelt werden, so muss dies daher auf philosophischer, damit angeblich religiös und weltanschaulich neutraler Grundlage geschehen.

Es gibt aber keine ihren geschichtlichen, weltanschaulichen und damit letztendlich auch religiösen Voraussetzungen entnommene Ethik. Jede vernünftige Begründung moralischen Handelns, die eine Ethik entwickelt und entwickeln muss, folgt – worauf in der Diskussion des Berliner Rahmenplan hier nun schon hingewiesen worden war – der Logik eines bestimmten, in philosophischen Traditionen sich bewegenden Vernunftkonzeptes, in unserem Falle der durch Platon und Aristoteles grundgelegten, dann aber auch von der christlichen Theologie aufgenommenen, in der Aufklärung neu mit autonomen Vernunftkonzepten konfrontierten, bis in unsere Gegenwart weiterentwickelten Ethikdiskurses. Alles Denken ist ohnehin positionell und perspektivisch verortet. Das ist im Grunde eine Binsenweisheit. Aber in den religionspolitischen Auseinandersetzungen wird immer so getan, als stünden die Standards eines philosophisch reflektierten, ethischen Orientierungswissens auf einer gesellschaftlich allgemein gültigen Basis, während positionelle und konfessionelle Bindungen und Zugehörigkeiten nur in den Angelegenheiten der Religion eine Rolle spielten.

Zur Legitimierung der Ethik als ordentlichem Unterrichtfach beruft man sich auf ein Humanitätsideal wie es sich in der klassisch abendländischen Antike entwickelt und in der europäischen Aufklärung neu mit seinem vernünftigen Allgemeinheitsanspruch artikuliert hat. Bei Lichte besehen ist dieser Allgemeinheitsanspruch, der ja eben keineswegs wertlos und auch nicht religiös und weltanschaulich neutral ist, nicht nur in der alteuropäischen Tradition ethischen Denkens verankert, sondern ebenso mit der ethischen Position und Perspektive des Christentums verbunden. Außerdem hat sich seit der Aufklärung des 18. Jahrhunderts in Theologie und Religionspädagogik ein Selbstverständnis des christlichen Glaubens entwickelt, das diesen als zugehörig zu einer sinnbewussten und zielgewissen menschlichen Lebensführung begreift. Theologie und Religionspädagogik haben jedenfalls gute

Gründe darauf zu bestehen, dass das Fach Religion gleichermaßen als Sachwalter der Frage nach dem „gelingenden Leben" gelten kann wie das Fach Ethik – dem im Berliner Rahmenlehrplan allein die dafür nötige Sachlichkeit zuerkannt wird. Dann muss es Schüler/-innen aber auch freigestellt sein, in der dem Wertediskurs gewidmeten Fächergruppe entweder das Fach Religion oder das Fach Ethik zu wählen.

Der Allgemeinheitsanspruch religiöser Bildung, ihre Zugehörigkeit zur Allgemeinbildung, die – wie im Falle der Ethik auch – mit ihrer Positionalität sehr wohl vereinbar ist, weshalb Religionsunterricht auch die gleichberechtigte Alternative zum Ethikunterricht sein muss, soll im Folgenden unter Aufnahme und im Anschluss an das Konzept der Spiritualität differenzierter begründet werden. Das Konzept der Spiritualität beschreibt schließlich den christlichen Glauben als eine Form gelebter Religion, die im Traditionszusammenhang des Christentums steht, aber sich doch zugleich selbst als eine konstitutive Dimension bewussten Lebens weiß. Mit dem Konzept der Spiritualität hat sich im Traditionszusammenhang des Christentums eine Form praktizierter Religion ausgebildet, die keineswegs darin aufgeht, einer kirchlichen Gemeinschaft, ihren Lehren und Lebensformen, verpflichtet zu sein. Mit dem Konzept der Spiritualität kommt die Religion vielmehr so in der gesellschaftlichen Wirklichkeit vor, dass das religiöse Verhältnis als Dimension des Menschlichen bzw. als Integral eines „gelingenden Lebens" angesehen werden muss.

Vielleicht kann daher die Skizze des in der christlichen Theologie entwickelten, inzwischen jedoch weit über deren Grenzen hinaus verbreiteten Begriffs der Spiritualität dazu helfen, die argumentative Basis für die Zugehörigkeit religiöser Bildung zur Allgemeinbildung zu festigen. Es dürfte dabei freilich auch deutlich werden, dass mit dieser, auf prinzipielle Gesichtspunkte im theologischen und religionspädagogischen Glaubensdiskurs abhebenden Argumentation, bestimmte Anforderungen an die Religionsdidaktik verbunden sind. Diese sollte dann bestrebt sein, zur freien Einsicht in die Lebensdienlichkeit der Inhalte des christlichen Glaubens zu führen will und dabei ganz auf die je eigene Urteilkompetenz der Schüler und Schülerinnen in religiösen Bildungsprozessen setzen. Das Konzept der Spiritualität, das gewissermaßen das religiöse Äquivalent zum ethischen Allgemeinbegriff der Humanität darstellt, soll hier in fünf Schritten näher entfaltet werden.

1   Glauben als spirituelle Sinneinstellung

Der Begriff der Spiritualität gilt gemeinhin ja als diffuser Containerbegriff, in den alle Formen individualistischer Religion, die sich den institutionell geprägten und theologisch verantworteten Formen der Religion nicht zuordnen lassen, hineingeworfen werden können. Außerdem scheint er eine Art postmoderner Religiosität zu repräsentieren, die sich unschwer mit dem Vorwurf der Beliebigkeit, des bloßen Egotrips und der illusionären Selbststeigerung belegen lässt. Sowohl die diffuse Verwendung des Begriffs der Spiritualität wie auch ein leichtfertiger und allzu unbedarfter Umgang mit der Religion kommen natürlich vor und für beides muss dann oft genug in der Tat auch der Begriff der Spiritualität herhalten. Dennoch geht dessen Bedeutungsgehalt in solchem Missbrauch nicht auf.

In Differenz zum Begriff des Glaubens, im Unterschied aber auch zum Begriff der Religiosität und der Frömmigkeit akzentuiert der Begriff der Spiritualität einen entscheidenden Aspekt im Verständnis der modernen religiösen Lage, genauer, der durch die Aufklärung heraufgeführten Transformationen im religiösen Feld[9] – und dies nicht nur in einem religionssoziologisch relevanten, sondern auch theologisch und religionspädagogisch Ernst zu nehmenden Sinn. Er bringt nämlich neben allen Undeutlichkeiten, die mit ihm zweifellos einhergehen, zum Ausdruck, dass das religiöse Verhältnis der Menschen, ihre Glaubensbindung, heute entscheidend als eine spirituelle Sinneinstellung verstanden wird, als Vollzug und Erfahrung an die Quellen des Lebenssinns. Menschen finden zum Glauben, weil sie ihn als Quelle des Sinns erfahren – in der Geborgenheit der Kindheit, in der Gemeinschaft der Kirche, in schönen Gottesdiensten, in den Geschichten der Bibel, aber auch in den Stories, die andere Bücher und die Bildwelten des Kinos von der abgrundtiefen Güte der Lebensmächte, vom Glück in allem Unglück, erzählen.

Die Rede vom Glauben als Geschenk bringt zwar den theologisch richtigen Gedanken zum Ausdruck, dass wir Menschen uns im Glauben selbst als Teil der göttlichen Wirklichkeit, auf die wir unser Vertrauen setzen, begreifen. Es muss also auch dieses Vertrauen in Gott begründet und von ihm in der Kraft seines Geistes hervorgerufen sein. Dennoch erscheint diese Rede vom Glauben als Geschenk heute wenig hilfreich, weil sie unterschlägt, dass der Glaube, der ein vertrauensvolles Verhältnis zu Gott ist, das der Gläubige als Gottes Nähe in seinem Wort und Sakrament erfährt, zugleich sein aktives Selbstverhältnis zu Gott verlangt. Auch dieses aktive Selbstverhältnis zu Gott wird in einem Menschen sich zwar kaum entwickeln, wenn er nicht in eine ihn religiös prägende kulturelle Umwelt eingebunden ist. Dennoch geht die Entstehung des Glaubens in solchen passiven Abhängigkeiten und Konstitutionsbedingungen nicht auf. Glauben entsteht vielmehr dann und dort, wo Menschen sich selbst aktiv auf eine transzendente, göttliche Wirklichkeit beziehen und sie diesen Bezug sinngrundierend in ihre Lebensführung einbauen.

---

9   Vgl. dazu ausführlich: Wilhelm Gräb, Sinnfragen. Transformationen des Religiösen in der modernen Kultur, Gütersloh 2006.

Die Resonanz, die die Rede von der Spiritualität inzwischen gefunden hat, spiegelt diesen Sachverhalt wieder.[10] Spirituell zu sein, das können sich viele Menschen heute eher vorstellen als einen mit dem Bekenntnis der Kirche vorgegebenen Glauben zu teilen. Das liegt daran, dass in den Begriff der Spiritualität eben dies immer mit eingeht, dass der Mensch, dem sie zugeschrieben wird oder der sie sich eben auch selbst zuschreibt („Ich bin nicht religiös oder gläubig, aber spirituell"), sich tatsächlich selbst im Verhältnis zu einer transzendenten, geistigen Wirklichkeit verhält.

Das Konzept der Spiritualität kann sich als leistungsfähig für eine zeitgenössische Auffassung von der Bildung des Glaubens erweisen. Denn es billigt dem sich religiös äußernden Menschen zu, ja erwartet von ihm, dass er seinen Glauben auf die eigene Begegnung mit Gott oder, schwächer formuliert, seine eigenen Erfahrungen der Transzendenz, des Kontakts mit einer anderen, geistigen, größeren Wirklichkeit zurückführt. So kann das Konzept der Spiritualität zu einer der modernen religiösen Lage angemessenen Auffassung von der Bildung des Glaubens führen.

Dass in das Spiritualitätskonzept eine treffliche Auffassung von der Bildung des Glaubens eingeht, tritt aber nicht nur im Bezug auf die moderne Religionskultur hervor. Eine Anleitung zu religiöser Bildung im Modus der Selbstbildung lässt sich durchaus auch in der Tradition des Spiritualitätsbegriffs erkennen, sowohl dann, wenn man sich der romanischen, wie auch, wenn man sich der angelsächsischen Traditionslinie anschließt.[11] In der romanischen Tradition gehört *spiritualité* in den Bedeutungshorizont der katholischen Ordentheologie und meint dabei ein bewusst geführtes und in seinen Formen geprägtes religiös-geistliches Leben. In der angelsächsischen Traditionslinie steht *spirituality* für die unmittelbar-persönliche Erfahrung von Transzendenz und damit die Verinnerlichung der Religion. Im Verständnis von *spirituality* schwingt stärker mit, dass es sich beim religiösen Glauben um eine in der humanen Subjektivität verankerte, anthropologische Dimension der Beziehung zu einer transzendenten, geistigen Wirklichkeit handelt. Der Akzent liegt darauf, dass das Verhältnis eines Menschen zur Transzendenz als eine Aktivität seines Bewusstseins erscheint. Ebenso hebt aber auch *spiritualité* darauf ab, dass der Glaube in eine bewusste, sich in einer transzendenten, geistigen Wirklichkeit begründet wissende Lebensführung einweist. Im Unterschied zur angelsächsischen *spirituality* ist in der romanischen Tradition der *spiritualité* jedoch genauer fest-

---

10 Vgl. Paul Zulehner (Hg.), Spiritualität – mehr als ein Megatrend, Ostfildern 2004.

11 Zur Begriffsgeschichte vgl.: Christoph Benke, Was ist (christliche) Spiritualität? Begriffsdefinitionen und theoretische Grundlagen, in: Paul Zulehner (Hg.) Spiritualität – mehr als ein Megatrend, Ostfildern 2004, 29-43; Ulrich Köpf, Art. Spiritualität II. Kirchengeschichtlich, in: RGG⁴, Bd. 7 (2004), Sp. 1591-1593.

gehalten, dass der Glaube, so sehr er eine Aktivität des religiösen Subjekts darstellt, doch immer auch auf Traditionen, auf Glaubensüberlieferungen, auf Gemeinschaftsbindungen, auf Glaubenskommunikation, auf Symbole und Rituale angewiesen ist.

Mit Spiritualität muss jedenfalls überhaupt nicht ein ignoranter und asozialer Egotrip gemeint sein. Von Spiritualität wird heute vielmehr zu Recht und auf theologisch und religionspädagogisch höchst relevante Weise dann geredet, wenn Menschen sich selbst im Anschluss und unter bewusster, also einer durch Kenntnisse vermittelten Aufnahme religiöser Deutungstraditionen und Lebensformen (deshalb: *religious literacy*), sowie im Ausgriff auf einen absoluten Sinn zu den unhintergehbaren Grundtatbeständen des Lebens verhalten und aus solchem Verhalten eine Kraft zur Bewältigung des Lebens gewinnen.

Der besondere Beitrag, den der Begriff der Spiritualität in die Frage nach der Bildung des Glaubens einbringt, besteht des Weiteren eben darin, dass er einerseits auf die sinndeutende Eigenaktivität des Menschen aufmerksam macht, andererseits seine Angewiesenheit auf geprägte Lebensformen und die Kenntnis inhaltlich bestimmter religiöser Deutungstraditionen festhält. Man kann daher auch sagen, Spiritualität ist die Bildung des Glaubens im Modus der persönlichen Einfindung in ein sinnbewusstes Leben.

Das hat auch deutlichen Anhalt am allgemeinen Sprachgebrauch. Als „nicht unbedingt religiös", aber „spirituell" bezeichnen sich diejenigen, die die religiösen Fragen existentiell wichtig finden und die eigene Beziehung zu einer transzendenten geistigen Wirklichkeit suchen, dem Dogma der Kirche, dem Bekenntnis des kirchlichen Glaubens und dem gemeinschaftlichen Gottesdienst aber oft ferner stehen und Umständen auch gar keinen Bezug zu einer bestimmten Religion haben oder zu haben meinen.

2 Glauben als Selbsttranszendierung

Das Konzept der Spiritualität kann dazu verhelfen die Auffassung vom Glauben und seiner Bildung aus den engen Grenzen einer kirchlichen Dogmatik zu befreien. Versteht man unter dem Glauben eine spirituelle, auf eine transzendente, geistige Wirklichkeit setzende Lebenseinstellung, dann erscheint er als sinnbildende Aktivität, in der deren körperlich-sinnliche, emotional-gefühlsbezogene und geistig-vernünftige Dimensionen zusammenfinden. Im Glauben, so kann dann gesagt werden, finden wir uns in der Ganzheit unseres leiblich-seelisch-geistigen Daseins angesprochen. Zugleich können wir diese Ganzheit unseres Daseins nie gegenständlich vor uns bringen und werden so im Glauben gerade aus der Zentrierung auf das eigene Ich herausbewegt und auf das größere (Sinn-)Ganze hin ausgerichtet. Der Glaube ermöglicht es Menschen, ihr Leben in einen ganzheitlichen Sinnzusammenhang zu integrieren. Aus ihm wächst jedem einzelnen eine unendliche Bedeutsamkeit zu. Der ganzheitlich letzte, unbedingte Sinn kann in einem persönlichen Gott vorgestellt sein und in der geprägten Sprache der religiösen Überlieferung artikuliert werden. In der spirituellen Einstellung suchen die Menschen aber oft auch nach sensibleren Sprachen, nach neuen Metaphern und Symbolen. Oder sie nehmen die gegenständlichen Vorstellungen der religiösen Tradition auf, versuchen sie aber zugleich in davon abweichende Ausdrücke zu transformieren. Das bringt den Glauben freilich nicht selten zugleich in erhebliche Sprachschwierigkeiten.

Der Glaube hat dort, wo er sich als spirituelle Lebenseinstellung versteht, oft etwas Tastendes und Suchendes. Er führt in die Suche nach Sinn und damit nach einem letzten, alles umgreifenden Zusammenhang, nach dem Zusammenhang meiner selbst mit mir selbst, mit der Welt und mit der transzendenten, umfassenden geistigen Wirklichkeit. Er ist Suche nach Lebenssinn in den drei entscheidenden Dimensionen. Der Glaube ist Suche nach Sinn, der sinnlich zu erfahren ist, in der Tiefe der Seele zu fühlen und mit dem Geiste zu denken ist.[12] Glaube, der zu einer spirituellen Daseinsgewissheit führt, verlangt deshalb die Aktivierung der Sinne, die den Kontakt zur Welt herstellen, des Gefühls, das das Individuum unmittelbar in seiner Leiblichkeit sich selbst spüren lässt und des Geistes, der die Zusammenhänge des Lebens und dieser Welt kritisch reflektiert.

Der spirituell gelebte Glaube führt des Weiteren aber auch in das komplexe Zusammenspiel von sinnlicher Teilhabe an der Welt, kultureller Traditionsaneignung, Auseinandersetzung mit lebensweltlich gegebenen Beziehungen, zum Austausch mit andern Individuen, schließlich zu lebensgeschichtlicher Reifung und Einsicht. Auch wenn spirituell eingestellte Menschen den Sinn ihres Lebens im Glaubensbekenntnis der Kirche ausgedrückt finden, bleibt dieser Sinn an den Vorgang der Sinnerschließung, der den Erfahrungen des Lebens korrespondiert und in ihnen verankert ist, gekoppelt. Deshalb lernt man im Glauben auch nie aus, ist religiöse Bildung als Teil allgemeiner Bildung ein lebenslanger Prozess.

3   Glauben als Aktivität

Lange Zeit gehörte es in der Folge der Aufnahme und Fortführung platonischer Metaphysik zu den anthropologischen Kategorien auch der christlichen Theologie, einen Leib-Seele-Dualismus zu vertreten. Dabei sollte die Seele als immaterielle,

---

12 Zur Unterscheidung der Sinndimensionen vgl. Wilhelm Schmid, Glück, Frankfurt a. M. und Leipzig 2007, 45-80.

vom Leib getrennte Substanz einen unsterblichen, göttlichen Wesenskern der menschlichen Person ausmachen. Unter nachkritischen, neuzeitlichen Erkenntnisbedingungen wird dieser substanzontologische Dualismus in der Theologie kaum noch vertreten. Natürlich kommt dieser Seelenglaube im religiösen Feld auch heute vor und besetzt dort Positionen, die sich ebenfalls als spirituell verstehen. Auf der Theorieebene, auf der die Theologie und die Religionspädagogik sich bewegen, ist jedoch an die Stelle der Seele als einer immateriellen, geistigen Substanz, die den Menschen mit Gottes Ewigkeit verbindet, die Rede von der Seele als integraler, ganzheitlicher, in Gott begründeter Selbstbeziehung getreten. Auch auf dieser Linie kann und sollte nun das Konzept der Spiritualität einem seriösen theologischen und religionspädagogischen Gebrauch in der Verständigung über den Glauben und seine Entstehung am Ort und im Innern des einzelnen Menschen zugeführt werden. Das muss nicht heißen, dass die Vergegenständlichung des Seelenglauben aus den Phänomenzusammenhängen, die die Theorie der Spiritualität aufzuschließen beansprucht, herausfallen muss. Im Gegenteil, die Stärke des Spiritualitätsbegriffs besteht gerade darin, dass er eine ethnographische Kategorie darstellt. D.h. er kommt einerseits im religiösen Feld vor, in dem Menschen sich zur ihrer spirituellen Lebenseinstellung bekennen und möglicherweise auch von der Seele sprechen und an deren Unsterblichkeit oder Reinkarnation glauben. Andererseits kann er aber auch in eine Theorie aufgenommen werden, die den faktisch gelebten religiösen Glauben nicht nur empirisch beschreibt, sondern zu einem Verstehen seiner Entstehungs- und Bedingungszusammenhänge im Kontext moderner Theorielagen führt.

Das Spiritualitätskonzept sieht ja eben vor, dass nicht die kirchliche Lehre und die Vorgaben des Dogmas im Prozess der Entstehung und Bildung des Glaubens Regie führen, sondern dass es die lebenspraktischen Sinn- und Orientierungsbedürfnisse der Menschen sind, auf die hin sie sich traditionelle Glaubensaussagen – solche aus den christlichen Kirchen, aber auch aus anderen religiösen Traditionen – aneignen. Nicht, ob diese Glaubensaussagen untereinander verträglich sind, ist dann wiederum entscheidend, sondern ob sie sich in die existentiell relevante Sinnkonstitution und moralisch orientierende Lebensanschauung der Menschen integrieren lassen. Insofern gewinnen dann Glaubensaussagen den Charakter von spirituellen und damit immer auch wertorientierenden Lebensdeutungen. Als solche finden sie ihre Verbreitung vor allem auf dem Wege individueller Gegenzeichnung und durch die Bildung von Netzwerken, die in der Regel einen nur geringen Institutionalisierungsgrad aufweisen, aber sich durchaus auch innerhalb der Kirchen oder in den Schulen entwickeln können. Deshalb zieht der Begriff der Spiritualität jedoch auch gern den der Esoterik nach sich, freilich nicht ohne dabei wiederum neue Missverständnisse zu produzieren.[13]

Dennoch hält die Auffassung vom Glauben als spiritueller Sinneinstellung ziemlich unmissverständlich fest, das mit dem Glauben eben nicht etwas gemeint ist, das im bio-physischen Organismus dinglich gegeben wäre. Als spirituelle Sinneinstellung ist der Glaube vielmehr ein Ensemble von mentalen Vollzügen und Zuständen, die von einem Individuum unmittelbar als die eigenen erlebt werden. Dem Glauben ist dieser unmittelbare Selbstbezug konstitutiv zueigen, weshalb er nie ohne Selbstbewusstsein ist. An diesem ist sodann ein sinnliches von einem unmittelbaren Selbstbewusstsein zu unterscheiden. Das sinnliche Selbstbewusstsein ist durch sinnliche Wahrnehmungen, auch diejenigen, die wir an uns selbst machen, vermittelt. Das unmittelbare Selbstbewusstsein wird hingegen deshalb unmittelbar genannt, weil es mentale Zustände meint, von denen wir erfahren, ohne dass wir auf unsere äußeren Sinne oder gar auf logische Schlussfolgerungen angewiesen wären. Im unmittelbaren Selbstbewusstsein sind wir uns – gefühlsbasiert – bestimmter geistiger Zustände, Überzeugungen, Wünsche und Ängste unmittelbar bewusst. Obwohl die Unmittelbarkeit dieses Bewusstseins impliziert, dass keine Reflexionsanstrengungen in es eingehen, könnte doch von einem Selbst-Bewusstsein im inneren Erleben des Individuums wiederum nicht die Rede sein, wäre dieses rezeptive Erleben nicht bereits mit Deutungsoperationen verbunden, die dann freilich nicht prädikativ ausgearbeitet sein müssen, sondern auf einer emotionalen Ebene ablaufen.

Möglicherweise lässt sich mit einer solchen Beschreibung der Verfassung des Glaubens als spiritueller Sinneinstellung dann auch ein nachkritischer Begriff der Seele und damit des anthropologischen Orts für die Entstehung des Glaubens gewinnen. Hat der substanzontologische Seelenbegriff angesichts der kritischen Neufassung der Metaphysik als funktionaler Prinzipienreflexion ausgedient, so kann der Begriff der Seele nun möglicherweise neu zur erschließungskräftigen Metapher werden, mit der sich ausdrücken lässt, dass ein Mensch sich in der Ganzheit seiner psychophysischen Zustände immer auch im Wie seines inneren Erlebens selbst erschlossen ist. Die Seele eines Menschen wäre dann seine an die leibliche Ganzheit gebundene Fähigkeit, sich in der Innenperspektive als eine Person im Wechsel der Gesamterlebniszustände, damit in seinem Kontakt zur Welt, zu sich selbst und zum transzendenten Ganzen der Wirklichkeit selbst wahrzunehmen – und das heißt, in den Glauben als spirituelle, auf den Sinn des Ganzen und damit auch des eigenen Lebens ausgreifende Sinneinstellung zu finden.[14]

---

13 Vgl. Martin Kumlehn, Esoterik, in: Wilhelm Gräb, Birgit Weyel (Hg.), Handbuch der Praktischen Theologie, Gütersloh 2007, 239-250.

14 Vgl. Ulrich Barth, Selbstbewusstsein und Seele, ZThK 101, 2004, 198-217, 215.

4 Glauben als Sinnfindung

Der Glaube ist eine spirituelle Lebenseinstellung, vermöge deren einem Menschen eine auf absoluten Sinn ausgreifende, in Gott fundierte Sinndeutung auch noch jener Tatbestände des Lebens möglich wird, die seinen endlichen Gestaltungs- und Erfahrungshorizont transzendieren. Wer glaubt, bildet Empfindungen, Überzeugungen und Vorstellungen aus, lernt schließlich auch eine Symbolsprache zu sprechen und symbolische Zeichen so zu entziffern (*religious literacy*), dass er sich zu Krankheit und Tod und dann auch zu all jenen Abhängigkeiten und Unverfügbarkeiten, die sich unserer Erkennbarkeit und unserem Handeln entziehen, in sinndeutender Weise verhalten kann. Es sind dies die Grundtatbestände unseres Geborenwerdens und Sterbens, sodann aber auch die vielfach unhintergehbaren Abhängigkeiten von einer Welt, in die wir uns als Individuen versetzt finden, die wir als Ganze aber nicht vor uns bringen, analysieren und gestalten können. Wir können sie zwar in ihren komplexen sozialen und natürlichen Gegebenheiten und Zusammenhängen im *einzelnen* erkennen und bearbeiten, nicht jedoch im *Ganzen* eines intentional fassbaren Sinnzusammenhanges, nicht im „Warum" ihres Gegebenseins, nicht in Relation zu den letzten Zwecken unseres Handelns verstehen.

Die anerkennende Bezugnahme auf unbedingte Sinnbedingungen, die dort ansteht, wo wir an die Grenzen unserer analytischen Kompetenz, aber auch unserer Leidensfähigkeit und unserer ethischen Urteilssicherheit geraten, muss sich nicht im Glauben an einen persönlichen Gott artikulieren. Jedoch kann in solcher Anerkennung unbedingter Sinnbedingungen der rationale Gehalt des christlichen Glaubens an Gott, den Schöpfer und Erlöser, hervortreten. Dann drückt sich im Glauben an Gott, den Schöpfer und Erlöser, das Bewusstsein aus, im selbstbestimmten Handeln von Handlungsbedingungen abhängig zu sein, die sich menschlicher Selbstbestimmungsmacht entziehen und doch für den Bestand des Daseins und den Erfolg unserer Handlungsabsichten einstehen. In der Sprache des christlichen Glaubens ist Gott der Schöpfer, den Jesus Christus zugleich als den bekannt gemacht hat, der den in sündhafter Verlorenheit ihm und sich selbst entfremdeten Menschen gnädig annimmt und auf das Kommen des Reich der Freiheit ausrichtet. In Gestalt des so sich auslegenden Gottesbewusstseins findet der christliche Glaube in die Haltung menschlicher Bescheidenheit, Demut und Dankbarkeit.

5 Glauben zur Sprache bringen

Die vorkritische Auffassung von der Religion mutete dieser, z.B. gerade mit ihrer Schöpfungslehre, kausale Welterklärungsaufgaben zu. Sie sollte über die Entstehung des Universums und den Gang der Geschichte im Rekurs auf ein extramundanes göttliches Handlungssubjekt Auskunft geben. Doch das gehört in die Geschichte des ontologischen Dualismus und der Substanzmetaphysik. Selbstverständlich kommt auch diese, mit zwei Welten rechnende, Gott objektivierende und in einem kausalen Sinne als Welturheber behauptende Glaube im religiösen Feld immer noch verbreitet vor. Religionssoziologisch und entwicklungspsychologisch können dafür viele Beispiele beigebracht werden.[15] Dennoch darf der Glaube in Gestalt der spirituellen Lebenseinstellung auf alte bzw. modern-fundamentalistische Weltbilder und die ihnen zugehörenden Vorstellungsgehalte nicht festgelegt werden. Glaube, der sich als spirituelle Einstellung versteht, bewegt sich in freien, auf subjektive Evidenzen setzenden Sinndeutungen und Sinnbestimmungen, die sich im Wandel der Weltbilder ihrerseits transformieren. In solchem Glauben, der sich in freier Einsicht uns einbildet, stellen wir letzte Zusammenhänge her und nehmen diejenigen Zusammenhänge wahr, die zu einem konstruktiv-kritischen Verstehen der Welt und der eigenen Stellung in ihr führen. Aber da uns der Glaube damit eben eine spirituelle Sinneinstellung ist, führt er uns nicht in den Kampf gegen die Objektivitäts- und sachlichen Erklärungsansprüche der Wissenschaft. Unsere Glaubensaussagen stellen keine Kausalitätsverhältnisse her und geben keinerlei objektiv sachhaltige Auskunft über die Entstehung des Universums, den Lauf der Geschichte oder das Ende der Welt. Der Glaube redet freilich auch nicht vom biologischen Organismus oder von neuronalen Prozessen.

Wie in den Beschreibungen des Lebens in der Literatur, in der darstellenden Kunst, in philosophischen und theologischen Texten, ist es auch in religiösen Erzählungen so, dass dort in einer metaphorischen, symbolischen und vor allem sinnsensiblen Sprache vom Leben gesprochen wird. Es spielen ganz andere Probleme eine Rolle und es treten andere Fragen hervor als in der wissenschaftlichen Welterklärung. Sie betreffen nicht das Funktionieren eines Organismus, sondern es geht um Menschen, die über emotionale, mentale und voluntative Zustände verfügen, sich als Individuen verstehen, von anderen Individuen abgrenzen, in eine Gemeinschaft von Individuen einfügen und nach dem Sinn des Ganzen ihres Lebens fragen.

Leben meint in den Texten und der Sprache des Glaubens im Grunde immer selbstbewusstes Leben. Menschen, die glauben, sind Menschen, die planen können und Absichten verfolgen, im emotionalen Verhältnis zu sich stehen und im Austausch mit der Umwelt, sich zu anderen ihresgleichen verhalten, sich durchsetzen und im Dasein behaupten müssen, Verantwortung für ihr Handeln tragen und

---

15 Zu den religionspsychologischen Theorien individueller religiöser Entwicklung vgl. Friedrich Schweitzer, Lebensgeschichte und Religion, 5. Aufl., Gütersloh 2004.

schuldig werden, nach Vergebung verlangen und auf Versöhnung hoffen – und eben dies alles so, dass sie sich in einen sie selbst unendlich transzendierenden und damit tragenden, sich als unversiegliche Sinnquelle erweisenden Sinnzusammenhang hineingestellt wissen. In der spirituellen Sinneinstellung des Glaubens werden keine objektiven, empirischen Analysen angestellt. Es werden allenfalls subjektive, narrativ fassbare Ausdrucksformen von Gefühlen, Gedanken, Reaktionen, Absichten und Motiven beschrieben. In diesen aber drücken sich das Bewusstsein der eigenen Weltstellung und die Gewissheit individuellen Daseinssinns aus.

Nur in diesen anderen als den biologischen und psychophysischen Ordnungen des Lebens, wie sie in den Erzählungen und Symbolsprachen der Religionen, aber auch in der Literatur und der darstellenden Kunst, in Philosophie und Theologie entwickelt werden, tritt der Mensch als ein solches Lebewesen hervor, das nach sich selbst fragt und den Sinn seines Daseins suchen. In den religiösen Symbolsprachen haben sich denn auch seit jeher die Lebensdeutungen artikuliert, mit denen die Menschen Antwort auf die letzten Fragen nach dem Warum allen Lebens und des eigenen Daseins, nach seinem Sinn und Zweck, nach Gut und Böse, nach Zufall, Schicksal oder göttlicher Fügung suchten. Der rationale Gehalt religiöser Symbolsprachen liegt bei aller Vieldeutigkeit, die diesen Sprachen eigentümlich ist, auch heute noch darin, dass sie einen in dichten Vorstellungen und starken Wertungen lebendigen Umgang mit den existentiellen Sinn- und Orientierungsfragen eröffnen: Was heißt es für mich, ein Mensch zu sein? Wie erlebe ich mich als Individuum? Und dann eben auch: Welchen Sinn hat für mich mein Leben? Wie verhalte und äußere ich mich, um mich von anderen Individuen abzugrenzen oder mit ihnen in Verbindung zu treten? Was ist mir wichtig, wofür setze ich mich ein?

Diese Fragen nach personaler Identität, nach integralen Lebenszusammenhängen und einer zielorientierenden Bestimmung des eigenen Daseins lassen sich alle auch nicht-religiös aufnehmen, aber dann doch nur um den Preis der Gefühlsamputation und der Sistierung einer aufs Ganze gehenden Sinnreflexion. Das wiederum hat aber unweigerlich Einfluss auf unsere Lebensführung. Nur in religiöser bzw. spiritueller Sinneinstellung greifen wir auf letzte, nicht zu vergegenständlichende Sinnzusammenhänge aus, die unserem Leben einen verlässlichen Inhalt und eine zielgewisse Orientierung geben können. Um für diese transzendierenden Sinnzusammenhänge kommunizierbare Vorstellungen und Sprache zu gewinnen, brauchen wir zugleich die Welt der fiktionalen Erzählungen und mythischen Bilder, der Parabeln, der Beispiel- und Gleichnisgeschichten in der Bibel, der Metaphern und Symbole, die die Überlieferungen des Glaubens geschaffen haben. Wir müssen diese Welt, die aus symbolischen Zeichen besteht, daher auch lesen und interpretieren können.

Allerdings, unter modernen Kulturverhältnissen sind die institutionell getrage-
nen und von Religionsexperten gepflegten religiösen Erzähltraditionen und Sym-
bolsysteme vielfach depotenziert und fragmentiert. Sie finden sich Markt-
verhältnissen ausgesetzt und stehen in Konkurrenz zu den Sinnangeboten einer weit
ausdifferenzierten medienästhetischen Kultur. Für die Traditionen der Ethik und
die Moralsysteme, dann erst recht die gesellschaftlich umlaufenden Vorstellungen
vom gelingenden Leben, gilt dies aber nicht mindern. Auch daran erwachsen der
Religionspädagogik wie der Didaktik im Fach Ethik heute gleichermaßen entscheidende Herausforderungen. Wo es gelingt, den Glauben als eine im absoluten Sinn
vergewissernde Lebenseinstellung zu kommunizieren, werden jedoch immer auch
Wege der didaktischen Erschließung des Glaubens gefunden, die von jedem In-
doktrinationsverdacht frei sind. Auf ihnen kann es gelingen, die lebensdienlichen
Inhalte des Glaubens in der modernen Medienkultur evident werden zu lassen.
Zugleich wird dabei in der Sache deutlich, wie dringend im Grunde Religion und
Ethik sich ergänzen bzw. auf eine Kooperation auf Augenhöhe angewiesen sind.

Religion in der Gegenwartskultur und ihre Herausforderung für religiöse Bildungsprozesse[1]

Petra Bahr

Es gibt Abschiede, die begehen wir zu früh. So mancher Firmeninhaber, der mit großem Festakt in den Ruhestand geschickt wurde, kommt nach wie vor an jedem Morgen ins alte Büro. So mancher Sportler zieht sich tränenreich vor seinen Fans ins Privatleben zurück, um dann kurze Zeit später doch das Comeback zu versuchen. Und so manche Vinyl-Platte, die vor vielen Jahren als Ladenhüter im hintersten Regal verschwand, steht nun als CD wieder ganz oben in den Hitlisten. Zeitloser Klassiker oder kurze Retro-Mode – wer weiß das schon so genau.

Auch der Abschied von der Religion ist zu früh ausgerufen worden. Lange sah alles so aus, als bekämen diejenigen Diagnostiker Recht, die dem allmählichen Verschwinden der Religion aus der Moderne das Wort redeten. Zumindest für Westeuropa schien der Abschied von der Religion eine ausgemachte Sache zu sein. Entchristlichung und Entkirchlichung konnten da nur ihre folgerichtigen Begleiterscheinungen sein. Nicht in der Diagnose, nur in den Reaktionen auf diese Diagnose schieden sich die Geister. Die einen kommentierten den heraneilenden Abschied genüsslich und mit Häme, die anderen mit Melancholie oder trotzigem Willen, das noch einmal aufzuhalten, was vorderhand nicht aufzuhalten zu sein schien. Die einen sahen das unvollendete Projekt der Moderne doch noch seiner Vervollkommnung entgegen streben, die anderen riefen alarmiert das Ende des Abendlandes aus. Allenfalls mit der „unsichtbaren Religion" wollte man noch rechnen. Gründliche Zielfahnder unter Soziologen und Theologen hefteten sich an ihre Spuren und gingen dafür ins Kino und auf Popkonzerte, folgten dem Wellnessboom und der Ästhetisierung der Lebenswelt. Die Suche nach dem Lebenssinn schien klammheimlich dorthin ausgewandert zu sein – in Lebensvollzüge, die mit Religion im hergebrachten Sinne gar nichts zu tun hatten.

Grund zur Beruhigung gaben diese Einsichten in die Verflüchtigung artikulierbarer religiöser Überzeugungen nicht. Diese Form des Religiösen schien sich neue Formen gesucht zu haben, die so schwer zu identifizieren waren, dass selbst die, die ihren religiösen Sinn auf diese Weise stärkten und pflegten, davon gar nichts zu

---

1 Vortrag bei den Berliner Barbara-Schadeberg-Vorlesungen im Juni 2007.

merken schienen. An die Reflexionskompetenz und Nachdenklichkeit der Theologie ist diese Form unsichtbarer Religion schon gar nicht gebunden, erst recht nicht durch Treue zu einer religiösen Gemeinschaft oder einer Kirche. Religiosität ohne Kirche, ohne geprägte Sprachformen, ohne verbindliche Gemeinschaft, ohne Tradition und ohne kritische Begleitung einer theologischen Vernunft, so könnte man dieses Phänomen polemisch beschreiben – zur Befriedigung religiöser Sinnbedürfnisse taugten die verfassten Kirchen offenbar immer weniger. Das, was so diffus und unsichtbar geworden ist, war also zwangsläufig auf dem sicheren Weg, zu verschwinden. So jedenfalls die Prognosen der 90er Jahre.

Seit ein paar Jahren sprechen wir nun selbstverständlich von der Wiederkehr der Religion, als wäre nichts gewesen. Das Feuilleton der großen Zeitungen ruft diese Wiederkehr mit großen Lettern aus. Wissenschaftliche Symposien befassen sich landauf landab mit dem Thema. Sogar im Spätwerk berühmter bundesdeutscher Philosophen taucht die Religion wieder auf. Spätestens, seit Jürgen Habermas die Gegenwartsbedeutung der Religion mit freundlichen Bemerkungen kommentierte, stiegen selbst die Intellektuellen aufs Thema ein, die bislang noch in Lauerstellung gelegen hatten. Auch Gott ist wieder da. Das erste Buch seit Jahrzehnten, das ebenso sparsam wie großspurig ausschließlich das Wort „Gott" im Titel führt, stammt nicht von einem Theologen, sondern von dem Philosophen Thomas Rentsch und erschien im letzten Jahr. Der Buchmarkt läuft geradezu heiß mit Neuerscheinungen, die die Religion zumindest im Untertitel haben. Die Neuerscheinungen in deutscher Sprache gehen allein in diesem Jahr in die Hunderte. Vor allem die Medien haben sich der Religion wieder angenommen. Die Frage nach dem Heiligen ist wieder da und die Sensibilität für religiöse Fragen hat deutlich zugenommen.

Die süffig vorgetragene Rede von der „Wiederkehr der Religion" hat allerdings ihre Tücken. Zum einen transportiert sie eine heimliche Geschichtsvorstellung, die im schweren Wort von der Wiederkehr selbst steckt. Was wiederkehrt, war schon einmal da. Handelt es sich in dem, was sich augenblicklich abspielt, tatsächlich um eine Wiederholung von etwas, was wir schon kennen? Wer sich nur ein wenig zurückbesinnt und vergleicht, ahnt, dass die disparaten Phänomene, die wir unter der „Wiederkehr" der Religion versammeln, vermutlich nicht viel mit den Formen religiösen Lebens zu tun haben, die aus der Vergangenheit überliefert sind. Vorsicht ist also angebracht bei der Ausrufung schwerer Geschichtszeichen. Besonders in Schwellenzeiten – und man geht wohl nicht zu weit, wenn man die Vermutung äußert, in solchen Zeiten zu leben – reicht die Analyse nur zu Mutmaßungen. Nur vage beschleicht uns die Ahnung, dass sich etwas verändert hat. Ja, es stimmt, Religion hat sich mit Macht zurückgemeldet. Wir ahnen auch, dass das, was da programmatisch unter einer Überschrift zusammengefasst wird, in Wahrheit mit Phänomenen zu tun hat, die so unterschiedlich sind wie Tag und Nacht. Dennoch ist nicht ausgeschlossen, dass auch das Disparate vor einem Zusammenhang erscheinen kann. Nur ist unser Sichtfeld eingeschränkt. Wer sich die Nase platt drückt vor dem großen Panoramabild der religionskulturellen Entwicklungen der Gegenwart, der sieht zwangsläufig nur Pixel und Farbkleckse. Wir sind schlicht zu nah dran, um uns einen Gesamteindruck zu verschaffen. Umso wichtiger, die Einzelheiten genau in den Blick zu nehmen und auf ihr Verhältnis hin zu prüfen.

Die neue Sichtbarkeit der Religion hat ohne Zweifel zuerst einmal gar nichts mit dem Christentum zu tun. Die weitaus größte Aufmerksamkeit zieht augenblicklich eine fremde Religion auf sich, von der wir viel zu wenig wissen und die sich doch immer mehr in den Vordergrund schiebt. Die Sichtbarkeit des Islam hat viele Aspekte, die unsere differenzentwöhnte Einbildungskraft allerdings oft genug übereinander legt: die gelebte Religiosität im Alltag samt Kopftuch und gebetsorientiertem Tagesablauf auf der einen Seite, die Christen dann und wann mit verschwiegenem Neid bewundern, mit den Phänomenen der Parallelgesellschaft auf der anderen Seite, die sich immer stärker radikalisiert, Mädchen zwangsverheiratet, die Religionsfreiheit der Anderen schwer anzuerkennen vermag und der Sehnsucht nach dem Gottesstaat nachdrücklich Ausdruck verleiht – mitten in einer Gesellschaft, die Religion häufig zur Privatsache erklärt. Das ist die neue Sichtbarkeit der Religion auf unseren Straßen, die nicht für alle gleich augenfällig wird. In Berlin kann man der kräftigen Zunahme an sichtbaren Zeichen der Muslime nicht mehr ausweichen. Das, was uns im Alltag befremdet, irritiert oder neugierig macht, überlagert sich mit den Szenen, die uns von der Bühne der Weltpolitik erreichen. Unübersehbar ist der Fanatismus und die Gewalt, die da entsteht, wo Glaubensüberzeugungen sich nicht an den Trennungsregimen Religion und Politik orientieren, wo sie theologische und historische Kritik an den Quellen der Religion für Tabubrüche halten und wo die Religionsfreiheit der Anderen als unerträgliche Zumutung empfunden wird. Ich lasse es bei dieser knappen Skizze, weil ich vor allem eines ins Bewusstsein rufen will: Sichtbarkeit von Religion und die Berufung auf Heiliges ist noch nicht zwangsläufig ein Zeichen zur Freude. Im Gegenteil. Es gibt eine neue Aufmerksamkeit für Religion, die durch Terror und Gewalt gesteuert ist. Die Wiederkehr der Religion markiert einen schwarzen Schatten. Es ist vor allem der lange Schatten des Karikaturenstreites, der uns im letzten Jahr gezeigt hat, dass die global vernetzte Welt der Bilder keine Räume mehr unbeobachtet oder verschlossen lässt. So verschiedenartig die Öffentlichkeiten sind, so sehr das jeweilige Publikum auseinanderdriftet, diese wechselseitige Beobachtung kann klaustrophobische Ängste verursachen. Es ist eng geworden in der Welt. Denn die Welt sieht zu, wenn in einer dänischen Zeitung geschmacklose Provokationen gedruckt werden, die von gläubigen Muslimen als Gotteslästerung der schlimmsten Art empfunden werden müssen.

Dann brennen Fahnen und Botschaftsgebäude. Worte, die in der Aula einer Universität gesprochen werden, kosten einer Nonne im Sudan das Leben. Die ganze Welt sieht zu, wenn in einer Berliner Oper in der blasierten Manier der Religionskritik der 70er Jahre ein Regisseur den Religionen den Kopf abschlägt. Eine muslimische Abgeordnete im Deutschen Bundestag ruft Frauen dazu auf, ihre Kopftücher abzulegen. Schon ist sie ihres Lebens nicht mehr sicher, weil radikale Organisationen auf der ganzen Welt sie im Internet und auf Zeitungsseiten zum Abschuss freigeben. Die mediale Attraktivität der Religion birgt offensichtlich neue Gefährdungen, derer wir uns erst langsam bewusst werden.

Wenn auch das Christentum von der wiedergewonnenen Aufmerksamkeit profitiert, sollten wir nicht zu schnell davon ausgehen, dass das eine mit dem anderen nichts zu tun hat. Es gibt gute Gründe, dass zumindest ein Teil der neuen Achtung und Auseinandersetzungen um den christlichen Glauben auch eine Reaktion auf die Glaubensstärke der Anderen ist. Die deutsche Gesellschaft reagiert auf die ästhetischen, religiösen und politischen Zumutungen, die mit der Integration der Muslime verbunden sind, auch mit der Frage nach den eigenen religiösen Wurzeln. Sie tut das bisweilen hilflos und manchmal überraschend plakativ, wie in der Leitkulturdebatte, wo christliche Werte oft genug mehr beschworen denn klar benannt und argumentativ bewährt werden. Die Kirchen sind im öffentlichen Raum oft genug als Bundeswerteagentur gefragt. Dass die Prägekraft des christlichen Glaubens und die Freiheit eines Christenmenschen auch zu kritischen Nachfragen motivieren, mag man lieber nicht hören. Auch das christliche Menschenbild versteht sich offensichtlich nicht mehr von selbst. Immer wieder bekennen junge Abgeordnete mir gegenüber, dass Sie gar nicht wissen, was sie genau damit meinen. Das christliche Menschenbild bedarf der Erinnerung, der Plausibilisierung und der behutsamen Restauration vor dem Hintergrund neuer Probleme. Die Farben müssen aufgefrischt und die Konturen nachgezogen werden, damit es wieder glänzt. Die Rede vom christlichen Menschenbild bedarf erläuternder Lesehilfen und gegenwartsbezogener Auslegungen, die offen sind für neue Herausforderungen. Das ist eine große Herausforderung für die Kirchen.

Die Zeiten, wo die Frage nach den prägenden Spuren des Christentums selbst schon als reaktionär oder gar unangemessen galt, sind allerdings definitiv vorbei. Das ist ein gutes Zeichen. Es ist fast schick geworden, eine Konfession zu haben. Politiker, Schauspieler und Unternehmer bekennen sich wieder. Selbst intime religiöse Bedürfnisse auszuplaudern ist nicht mehr peinlich, sondern anrührend. Deshalb geht der Komiker Hape Kerkeling mit großer Ernsthaftigkeit den Jakobsweg und achthunderttausend Leser und Leserinnen gehen mit. Bin mal kurz weg, sagt er, winkt freundlich, während er schon loswandert und wir glauben ihm, dass er verändert zurückgekommen ist. Schließlich waren wir so gut wie dabei, ohne uns auch nur eine Blase zu laufen.

Dazu kommt ein neuer Sinn fürs Monumentale und für die Lebendigkeit alter Traditionen, ein Bedürfnis, das den Medien in ihrer Gier nach dem außergewöhnlichen Bild gerade recht kommt. Religiöse Inszenierungen von Weltformat wie Papsttod und Papstwahl haben nicht nur gläubige Katholiken vor die Fernseher gelockt. Weltweit waren auch Künstler und Intellektuelle, Juden und Protestanten und Agnostiker geradezu berauscht von soviel fremder Gegenwärtigkeit, die sich in den alten Formen und Ritualen imponiert, die man längst verloren hat. Die ungebremste Kraft dieser religiösen Institution war wie ein Hoffnungszeichen, dem man möglicherweise schon längst keinen eigenen Glauben mehr entgegenbringt, wohl aber Respekt und vielleicht auch ein wenig Sehnsucht nach einer Orientierung, die größer ist als alle Vernunft. Zwischen Skepsis und Regressionsträumen hin und hergerissen, schwankten auch die Kommentare zwischen Tremendum und Faszinosum. Nur die sonst allgegenwärtige bissige Kritik fiel fast gänzlich aus. Im Gegenteil fordern Schriftsteller wie Martin Mosebach gegen die Häresie der Formlosigkeit die Rückkehr zur lateinischen Messe in tridentinischer Form. Ein Beispiel unter vielen Intellektuellen, die vor allem die ästhetische Fremdheit des christlichen Glaubens betonen wollen. Die Welt- und Lebensnähe des christlichen Glaubens, seine Verantwortung für die Armen und Schwachen, seine Einmischung in ethische Debatten und seine öffentlichen Einreden in Form von Denkschriften ist ihnen ein Graus. So kommt ihnen die Kirche nämlich viel zu nahe. Sie fordern deshalb eine Gestalt des Christentums, die als das Andere ihres offenen Lebensstils funktioniert, als Gegengift des Antimodernen in der Moderne, die oft so schwer erträglich ist mit ihren Zumutungen, Verwirrungen und Gefährdungen. Persönliche Konsequenzen für das eigene Leben muss dieser neue Sinn fürs Religiöse nicht haben, im Gegenteil, nur in gehöriger Distanz ragt das Monument aus uralten Zeiten hinein bis in unsere Gegenwart. Bisweilen erfasst dieser Ton auch die Kommentare zum Deutschen Evangelischen Kirchentag in Köln. Faszinierte Befremdung oder befremdete Faszination ist der paradoxe Ton von Feuilletonredakteuren, auch wenn der Ton oft sehr liebevoll ausfällt und eine manchmal nur widerwillig eingestandene Grundsympathie die Sprache der Beobachter bestimmt. Ob diese Religionsbegeisterung des Feuilletons mehr als eine Retro-Mode ist, bleibt abzuwarten. In jedem Falle ist die neue Lust am Heiligen oft genug begleitet von der notorischen Verweigerung zur Theologie oder zu eigenen, gelebten Formen der Frömmigkeit, der auch mal wieder in einen ganz normalen Sonntagsgottesdienst führt. Von Gott ist deshalb oft gar nicht die Rede, sondern von der Aura, der Macht, der Transzendenz, der Spiritualität. Bei aller Freude über die neue Gegenwärtigkeit der Religionsfragen ist Skepsis also angebracht.

Und es gibt, das sollte an dieser Stelle nicht verschwiegen werden, auch gegenläufige Tendenzen, die sich mit Macht Gehör verschaffen. Der Wiederkehr sitzt das Verschwinden der Religion weiter im Nacken. Nicht nur wegen des vielbeschworenen Traditionsabbruchs, der sich so schnell gar nicht rückgängig machen lässt. Die bloße Kenntnis der Grundlagen des Christentums nimmt deutlich ab, ist mit Händen zu greifen. Mittlerweile sorgen sich über diese Bildungskatastrophe nicht mehr nur die Geistlichen. Längst sind auch Museumsdirektoren und Buchverlage alarmiert. Denn es ist nur eine Frage der Zeit, und eine ganze Generation wird ähnlich ratlos vor den Bildern eines Rembrandt stehen wie vor einer Kirchentür. In den neuen Bundesländern wird diese ererbte Gottlosigkeit in einem fatalen Generationenvertrag weitergegeben. „Sie haben vergessen, dass sie Gott vergessen haben", hat Eberhard Jüngel einmal gesagt. Diese Religionsferne hat mit der religionskritischen Attitüde westdeutscher Intellektueller genauso wenig zu tun wie das religiöse Desinteresse einer westdeutschen Mittelschicht. Diese Religionsferne wurde vor ein paar Generationen staatlich verordnet. Die Folgen sind verheerend. Nicht nur für die Seelen der Menschen. Auch die politische Gestaltung zehrt davon. In Berlin sieht man deutlich, was passiert, wenn eine politische Klasse quer durch alle Parteien davon überzeugt ist, dass Religion aus dem öffentlichen Raum verbannt werden muss. Der Religionsunterricht wird aus der öffentlichen Schule verbannt. In einigen Stadtteilen ist es seit neustem verboten, christliche Weihnachtslieder zu singen. Um der Integration der anderen Kinder willen, die einer anderen Religion zugehören. So verwehrt man schon den Kleinsten einen spielerischen Zugang zu unserer Kultur, die auch für ein muslimisches oder atheistisch aufwachsendes Kind gar nicht ohne Christentum verstehbar ist. Und wenn so ein Fünfjähriges jetzt durch die Straßen geht, erfährt es von Weihnachten nur, dass die Menschen hektisch durch die Straßen rennen, während die Häuser festlich geschmückt sind und rote Plastikweihnachtsmänner sich als Fassadenkletterer betätigen. Den Ursprungsgrund für das Christfest erfahren sie nie. Diese Religionspolitik ist nicht nur dumm, sie ist gefährlich. Es passt übrigens ins Bild, dass die religions- und kirchenfeindliche Politik, die jede religiöse Überzeugung in die Ecke des Fundamentalismus rückt, auch vor dem Sonntag nicht halt macht. In dieser hochgradig uneindeutigen religionskulturellen Situation ist in der Tat vor allem eines gefragt: Alphabetisierungsfähigkeit in Sachen Religion. Wie können Kinder und Jugendliche unterscheiden zwischen heilsamen und zerstörerischen Formen gelebter Religiosität? Wie können sie in der Achtung vor dem Fremden aufwachsen, ohne die Orientierungen zu verraten, die ihnen die Freiheit zur individuellen religiösen Entscheidungen ermöglichen? Wie können sie mit der „Wiederkehr der Götter" in den Medien, auf dem Fotohandy, in der Werbung, in den Songtexten umgehen? Diese Fragen sind keine Fragen, die sich Wissenschaftlern, Zeitgeistbeobachtern und Kulturbeauftragten stellen. Diese

Fragen werden auf dem Schulhof verhandelt, in der Mädchentoilette bei der heimlichen Zigarette und auf der Party am Samstagabend. In der Regel werden sie natürlich nicht bewusst verhandelt, aber sie werden so oder so entschieden. Welche Bilder gucke ich mir an, wenn sie unversehens auf dem Display erscheinen? Wie rede ich mit der Klassenkameradin, die von einem Tag auf den anderen Kopftuch trägt? Was heißt es für Schüler und Schülerinnen, die mehr oder weniger ohne religiöse Traditionen aufwachsen, dass Russlanddeutsche die biblischen Texte auswendig können? Religiöse Bildung ist nicht in erster Linie das Erfordernis, mit dem das so genannte neue Bürgertum die Bildungsbiographien ihrer Kinder abrundet, wie Klavierunterricht und der Knigge-Aufbaukurs in gutem Benehmen. Religiöse Bildung – und ich meine nicht nur den Religionsunterricht, sondern einen Bildungszusammenhang, der sich in Gänze am protestantischen Bildungsideal orientiert – steht vor der großen Herausforderung, beides leisten zu müssen: die grundständige Vermittlung der christlichen religiösen Traditionen zu leisten und die Zeichen der Gegenwart deuten zu lernen. Nur beides zusammen kann in dieser unübersichtlichen Situation Orientierung verschaffen. Der Umgang und die Einübung in die religiösen Vollzüge und Wissensbestände des Christentums kann nicht durch Räume spiritueller Erfahrung ersetzt werden, weil diese Erfahrungen sonst private Glücksmomente werden – oder, wenn man es hart formuliert, religiöse Erhebungsmomente ohne Reflexion. Protestantische Bildungsvollzüge kommen aber ohne Nachdenklichkeit in buchstäblichem Sinne nicht aus. Junge Menschen müssen lernen, sich zu ihren eigenen religiösen Sehnsüchten und Erlebnissen reflexiv zu verhalten. Gleichzeitig müssen sie auf die Religionspraktiken ihrer unmittelbaren Umgebung reagieren – Praktiken, die ihnen völlig fremd sind und die einzuschätzen nicht mit den eigenen Erfahrungen zu bewältigen sind. Das heißt nicht, dass nun wieder sinnlich-leibliche Bildungsvollzüge dem stumpfen Auswendiglernen und der religionskundlichen Expertise weichen sollen. Unterweisung ist meines Erachtens nicht die veraltete Alternative, sondern notwendiger Bestandteil einer anspruchsvollen evangelischen Bildungskonzeption. Ebenso wie Religionskunde ihr notwendiger Bestandteil ist. Christentumsgeschichte gehört aber auch in den Geschichtsunterricht. *Literacy* ist vielmehr die Klammer, die Bildungsvollzüge als Selbstbildungsvollzüge so präzisiert, dass die Orientierung in den überlieferten Zeichenwelten und die Orientierung in den Zeichenwelten der Gegenwart nicht länger gegeneinander ausgespielt werden müssen. Nein, es geht eben nicht, dass die einen die Religion im Kino oder bei Harry Potter deuten und die anderen Bonhoeffer lesen. Vielmehr muss es darum gehen, beide Textwelten ins Verhältnis zu einander zu setzen. Paul Gerhardt kann auch im Deutschunterricht Thema werden, zum Beispiel zusammen mit Robert Gernhardt. Wir sollten gerade in evangelischen Schulen den überlasteten Religionsunterricht entlasten! Diese Alphabetisierungs-

kampagne ist aber nur die eine Hälfte des „*literacy*-Programms". Auch die religionskulturellen Zeichen der die Kinder umgebenden Welt müssen entziffert werden.
Bildung ist seit Philipp Melanchthon vor allem ein Mittel wider die Überwältigung
durch die Welt. „Lesen lernen" in diesem anspruchsvollen kulturtheologischen
Sinne ist die einzige Option, Abstand zu kriegen zu den Einflüssen und Einflüste-
rungen, vor allem aber zu den ungeheuer mächtigen Bildern, denen Heranwachsende ausgesetzt sind. Sich im Labyrinth der Zeichen, Bilder und Hieroglyphen eigen-
ständig zurechtzufinden – das war für Melanchthon „Mündigkeit". Mündig ist nicht
nur, wer für sich sprechen kann. Mündig ist vor allem der, der eigenständige Unterscheidungen treffen kann. Heilsame Distanzen erzeugen einen Raum, in dem Urteilskraft die bloße Meinung ersetzt. Die eigenen Beobachtungen in Beziehung setzen zu Beobachtungen und Reflexionen anderer. Dazu braucht es eine Orientierung. Viel ist in den letzten Jahren von der Unterscheidung die Rede, zwischen
Funktionswissen und Orientierungswissen. Der Philosoph Hans Blumenberg hat,
wie ich finde, die prägnanteste Auslegung der diffusen Rede von der Orientierung
geprägt. Bildung, sagt er, ist das, was übrig bleibt, wenn man alles vergessen hat.
Nun hat das Vergessen unter Bildungsexperten keinen guten Ruf. Erinnerung ist
das Leitwort der Pädagogen und Theologinnen. Und es gibt in der Tat eine gefähr-
liche kulturelle Amnesie in Angelegenheiten des christlichen Glaubens, der das individuelle Vergessen von religiösem, theologischem und ethischen Lebenswissen
direkt auf dem Fuße folgt. In der modernen Medien- und Wissensgesellschaft hat
Wissen als Information und Kompetenz nur eine geringe Halbwertzeit. Sie wird
nicht nur zwangsläufig vergessen, weil die Flut der Informationen unsere Ord-
nungs- und Verarbeitungsleistungen erschöpft. Wir müssen auch vergessen können,
um überhaupt überleben zu können mit all den abgelegten, überflüssigen und veral-
teten Wissensbeständen. Vergessen hat also durchaus eine aktive, heilsame Seite.
Blumenberg selbst gibt eine Erklärung ab für das, was als Bildung bleibt, wenn einer alles vergessen hat: Bildung ist kein Arsenal. Bildung ist ein Horizont. Das Bild
vom Horizont ist meines Erachtens unschlagbar, um zu erklären, wie Lesefähigkeit
und Orientierung zusammen kommen. Der Horizont ist die Linie, die unsere Welt-
wahrnehmung organisiert. Dabei können wir den Horizont nicht verdinglichen. Wir
werden ihn auch niemals abschreiten oder auf ihm tanzen wie an der Wassernarbe
beim Strandspaziergang. Der Horizont ist eine vorlaufende Grenze, die unser Sichtfeld organisiert. In diesem, und nur in diesem Sinne, können wir auch von einer
religiösen Werteordnung sprechen. Denn der Horizont ist ja nicht starr oder objek-
tivierbar. Er ist auch nicht ein für alle mal da, unabhängig von dem, der ihn hat. Im
Fluchtpunkt des Horizonts entsteht allererst eine Perspektive und ein eigener Stand-
punkt. Von ihm aus organisieren sich Größenverhältnisse, Vordergründiges und
Hintergründiges. Der Horizont ist so etwas wie die Grammatik eines Bildes, ja, un-

seres Weltbildes. Unsichtbar und doch notwendig. Man kann den Horizont nicht vom Bild isolieren, aber ohne Horizont gäbe es gar kein Bild. In Zeiten, in denen der Boden schwankt und auch vertraute Deutungsmuster ihre Plausibilität verlieren, ist nichts wichtiger, als einen Horizont im Blick zu haben, der vor dem Schwindel bewahrt. Religiöse Bildungsvollzüge und ihre Curricula müssen sich immer fragen lassen, ob sie in dieser Weise horizonteröffnend und erhaltend wirken. Dass es hinter dem Horizont weitergeht, ist die Gewissheit, die der evangelischen Bildungstheorie und ihrer Praxis bei aller Beunruhigung Gelassenheit und Trost verschafft.

Warum ausgerechnet drei?
Spurensuche nach dem dreieinigen Gott[1]

Wilfried Härle

1 Konsense und offene Fragen der Trinitätslehre

Die Trinitätslehre hat Konjunktur. Das war in der evangelischen Theologie nicht immer so. In der Theologiegeschichte des 20. Jahrhunderts war es bekanntlich Karl Barth, der durch die Verankerung der Trinitätslehre in den Prolegomena seiner Kirchlichen Dogmatik deren zentrale Bedeutung für den christlichen Glauben und für die christliche Theologie zum Ausdruck gebracht hat. Damit hat entscheidend dazu beigetragen, dass der Trinitätslehre besondere Aufmerksamkeit zuteil wurde. Ihm sind – in einem gewissen zeitlichen Abstand, aus unterschiedlichen theologischen Begründungszusammenhängen und mit unterschiedlichen Akzentuierungen – z.B. Wolfhart Pannenberg, Jürgen Moltmann und Eberhard Jüngel gefolgt.

Die dabei bisher erzielten Klärungs- und Verständigungsbemühungen haben freilich bisher keine einhelligen, sondern vielspältige Ergebnisse zu Tage gefördert, und dies wiederum hat die Rezeption der Trinitätslehre in Kirche und Schule, insbesondere in der Pfarrer- und Lehrerschaft nicht nur gefördert, sondern auch behindert. Kommt in der Fortbildung für Pfarrer oder Lehrer die Rede auf die Trinitätslehre, so macht sich in der Regel Ratlosigkeit breit, die freilich heutzutage seltener als früher dazu führt, die Trinitätslehre als „spekulativ" oder „verkopft" und damit als „für die Praxis ohnehin nicht relevant" beiseite zu schieben. Insbesondere angesichts der Intensivierung des Gesprächs oder zumindest der gedanklichen Auseinandersetzung mit dem Islam fällt ein solches großzügiges Desinteresse heute erfreulicherweise schwerer, als dies in früheren Zeiten der Fall war. Wir werden von Muslimen und von unseren Gemeindegliedern, die im Kontakt mit Muslimen stehen, aber auch von Menschen, die einfach wissen wollen, was es um den christlichen Glauben ist, nach der Bedeutung, dem Sinn und der Sagbarkeit des Glaubens an einen dreieinigen Gott gefragt. Diese Frage verbindet sich, wo nicht mit der Erwartung, so doch mit der Hoffnung auf eine klare, verständliche, weitergebbare Antwort. Das Interesse an fundierten und verständlichen Antworten ist daher groß.

---

[1] Vortrag bei den Berliner Barbara-Schadeberg-Vorlesungen im Juni 2007.

Dabei gibt es in *drei* Hinsichten durchaus trinitätstheologische Konsense, die sowohl gut zu begründen als auch gut zu vermitteln sind, auch wenn sie in sich nicht völlig konsistent sind.

Der erste Konsens besteht darüber, dass die Trinitätslehre jedenfalls keinen – weder einen offenen noch einen verkappten – Tritheismus (Dreigötterlehre) meint oder impliziert, sondern den Glauben an den *einen* Gott nicht aufhebt oder auch nur in Frage stellt, sondern voraussetzt und ihn *konkret entfalten* will.

Die zweite Übereinstimmung bezieht sich auf den in seiner theologiegeschichtlichen Herkunft nicht völlig aufgeklärten altkirchlichen Grundsatz: „Opera trinitatis ad extra sunt indivisa"[2] Mit dieser negativen Aussage über das Ungeteiltsein der Werke des dreieinigen Gottes nach außen, also in Gottes Weltverhältnis, wird deutlich, dass jedenfalls trinitätstheologisch *nicht* so verfahren werden darf, dass Gott dem Vater das Werk der Schöpfung, dem Sohn das Werk der Versöhnung oder Erlösung, dem Heiligen Geist das Werk der Heiligung, Erleuchtung und Vollendung exklusiv zugeordnet werden dürfen. Zwar wird dieser strenge trinitätstheologische Grundsatz dadurch abgemildert, dass eine solche Zuordnung näherungsweise („per appropriationem") für möglich und zulässig gehalten wird, aber dabei muss eine Aufteilung der Werke Gottes in seinem Weltverhältnis und deren Zuordnung zu je einer trinitarischen Person oder Seinsweise strikt vermieden werden und ausgeschlossen bleiben. Die theologische Pointe und Wichtigkeit dieses Grundsatzes wird freilich erst dann erkennbar, wenn man die Aufmerksamkeit auf seinen positiven Sinn richtet: die Einheit Gottes und die daraus folgende Beteiligung aller Personen bzw. Seinsweisen der Trinität an Gottes Wirken in seinem Weltverhältnis. Durch sie – und nur durch sie – wird festgehalten, dass im Werk der Schöpfung der Vater nicht alleine, nicht ohne den Sohn und den Geist wirkt, sondern unter deren ausdrücklicher Beteiligung und Mitwirkung. Und dasselbe gilt natürlich für die übrigen Werke Gottes sinngemäß. So werden einerseits die biblischen Aussagen über die Schöpfungsmittlerschaft des Gottessohnes (Kol 1,16 und Hebr 1,2) oder des Logos (Joh 1,3.10) und über die Anwesenheit und Mitwirkung des Geistes bei der Schöpfung (Gen 1,2) theologisch eingeholt, andererseits wird so die Einheit des dreieinigen Gottes konsequent gedacht und festgehalten – und das kann wohl auch *nur so* gelingen.

---

2 Bei Augustin selbst findet sich (nur) die Formulierung: „Sicut inseparabiles sunt, ita inseparabiliter operantur" (De trinitate I,4). Als kirchliche Lehrentscheidung findet sich die Formel der Sache nach auf dem Konzil von Toledo im Jahre 675: „Inseparabiles enim inveniuntur in eo … quod faciunt" (DS 531). Zu den opera trinitatis ad *intra*, in denen die Seinsweisen des dreieinigen Gottes wechselseitig aufeinander einwirken, gilt diese Unteilbarkeit *nicht*, zumindest nicht generell und grundsätzlich. Siehe dazu unten Anm. 31.

Die dritte Einmütigkeit bezieht sich auf die These oder Einsicht, dass der trinitarische Glaube nicht aus dem Gottes*begriff* abzuleiten oder aus einer Gottes*idee* heraus zu konstruieren ist, sondern dass er am *Wirken* Gottes abzulesen und aus ihm zu gewinnen ist. D.h.: Die *Erkenntnis* der Trinität hat demzufolge „unten", also bei der *geschichtlichen* Wirklichkeit von Gottes Wirken und Offenbarung einzusetzen. Damit ergibt sich als dritte gemeinsame Einsicht neben dem Festhalten am Monotheismus und der Unteilbarkeit der Werke Gottes in seinem Weltverhältnis das alternativlose Verwiesensein auf Gottes geschichtliches Wirken als Quelle der Erkenntnis des dreieinigen Gottes und damit auch der Trinitätslehre.

Dieses harmonisch wirkende Bild einer breiten Übereinstimmung hinsichtlich dreier Grundüberzeugungen mit großer trinitätstheologischer Relevanz trübt sich jedoch dann zumindest ein wenig ein, wenn man genauer über das Verhältnis der zweiten und der dritten Einsicht zueinander nachdenkt. Das geschichtliche Wirken Gottes, von dem in der dritten Einsicht die Rede ist, gehört jedenfalls zu den Werken Gottes in seinem Weltverhältnis, also zu den „opera trinitatis ad extra". Sind diese nun im strengen Sinn ungeteilt („inidivisa"), so stellt sich die Frage, ob und wie aus diesen Werken bzw. aus diesem Werk die *Drei*einigkeit Gottes erkannt werden können soll.[3] Gerät man bei der Verhältnisbestimmung der zweiten und dritten Einsicht nicht in einen letztlich unauflösbaren Widerspruch, entweder die Ungeteiltheit des Wirkens Gottes in seinem Weltverhältnis ernst zu nehmen, dann aber aus dem geschichtlichen Wirken Gottes auch nicht eine Dreiheit in Gott erkennen oder erschließen zu können, *oder* doch an dem Wirken Gottes in seinem Weltverhältnis, also an den geschichtlichen Werken Gottes eine solche Dreiheit erkennen zu können, dann aber nicht die ungeteilte Einheit der opera trinitatis ad extra und damit die Einheit des Wirkens Gottes in seinem Weltverhältnis festhalten zu können? Dieses ganz nahe liegende, aber nicht leicht zu lösende Problem kommt in den Darstellungen der Trinitätslehre in der Regel deshalb nicht zum Vorschein, weil die Trinitätslehre in ihnen nicht ab ovo entwickelt, sondern in der Regel schon als gegeben vorausgesetzt und als solche expliziert wird. Dabei wird auch immer schon mit den drei Begriffen „Vater", „Sohn" und „Heiliger Geist" operiert und damit das theologische Ergebnis bereits vorausgesetzt, das doch erst aus der genau-

---

3   Orientiert man sich an den Werken Gottes, die im biblischen Kanon bezeugt werden, so kommen wir zu einer Reihung, die zumindest folgende Elemente enthält: Gott erschafft und erhält die Welt; Gott wirkt in der Geschichte Israels große Taten; Gott gibt seinem Volk das Gesetz; Gott straft einzelne Menschen oder auch sein Volk im Ganzen; Gott redet durch die Propheten; Gott offenbart sich in Jesus Christus; Gott erweckt Jesus von den Toten; Gott sendet den Heiligen Geist auf Menschen; Gott sammelt und erhält die Kirche; Gott regiert die Welt; Gott vollendet seine Schöpfung. Diese Aufzählung ließe sich ohne Mühe erweitern und würde dadurch noch reichhaltiger. Aber schon in dieser Fassung ist nicht zu erkennen, wie man hier so strukturieren könnte, dass sich dabei eine *Drei*teilung ergibt.

en Betrachtung des Wirkens Gottes in seinem Weltverhältnis erkannt und gewonnen werden soll. So zu verfahren, ist aber eine klassische petitio principii, die das, was erst begründet werden soll und muss, schon voraussetzt und darum zur Entfaltung der Trinitätslehre nur scheinbar taugt.

Aber auch der andere, sich u.U. anbietende Ausweg ist letztlich nicht gangbar, nämlich die Inanspruchnahme des Gedankens, dass ja doch eine *gewisse* Zueignung („appropriatio") der opera trinitatis ad extra zu den einzelnen Personen bzw. Seinsweisen möglich sei. Auch dieser Zugang setzt – sogar noch in gesteigertem Maße – bereits die Beantwortung bzw. Lösung der trinitätstheologischen Frage und Problematik voraus, nämlich nicht nur die Unterscheidung von Vater, Sohn und Geist, sondern auch noch eine gewisse, uneigentliche Zuordnungsmöglichkeit der opera ad extra zu den drei Personen bzw. Seinsweisen Gottes. Auch hier haben wir es also mit einer petitio principii zu tun, die das methodische, genauer: das erkenntnistheoretische Grundproblem der Trinitätslehre nicht lösen kann, sondern eher verdeckt, wenn sie als eine solche Lösung angeboten oder in Anspruch genommen wird.

Damit hängt zusammen, dass die Leitfrage meines Vortrags: „Warum ausgerechnet drei?" kaum an irgendeiner Stelle in der theologischen Literatur auftaucht. Das ist auffällig; denn aus einer unbefangenen Sicht müsste *dieser* Frage mindestens soviel Aufmerksamkeit geschenkt werden wie der nach der unaufgebbaren Einheit und Einzigkeit Gottes innerhalb der Trinitätslehre. Denn wenn man die Trinitätslehre ernst nimmt, muss doch mit überzeugenden Gründen angegeben werden können, warum nicht von einer Zweiheit, sondern von einer Dreiheit, warum von einer Dreiheit und nicht von einer Vierheit oder gar von einer Vielheit ausgegangen wird. Warum also ausgerechnet drei? Warum ist also eine Trinitätslehre charakteristisch, ja unverzichtbar für das christliche Gottesverständnis und den christlichen Glauben insgesamt?

Dass diese Frage so selten auftaucht, erklärt sich wohl vor allem daraus, dass durch die (alt-)kirchlichen Lehrentwicklungen sowie durch die Liturgie die Dreizahl von Vater, Sohn und Geist uns immer schon vorgegeben ist. Aber warum ist sie vorgegeben? Bei dem Versuch, diese Frage zu beantworten, will ich einen semiotischen, also einen zeichentheoretischen Weg wählen, weil ich ihn für besonders plausibel und gut nachvollziehbar halte.

2   Semiotischer Zugang zur Trinitätslehre

Um gleich ein nahe liegendes Missverständnis zu vermeiden: Die folgenden Überlegungen ist mit keinem Originalitätsanspruch verbunden. Abgesehen davon, dass ich Originalität ohnehin nicht für eine besondere theologische Tugend halte, liegen die Muster und Werkzeuge, mit denen in diesem Abschnitt gearbeitet wird, seit Augustin,[4] Hegel,[5] Peirce[6] und Barth[7] (einschließlich deren Interpreten) schon lange bereit, wurden und werden auch reichlich genutzt. Sie sollen hier nur zusammengeführt und abschließend dann für den theologischen, kirchlichen und schulischen Gebrauch empfohlen werden.

Die Kriterien für die Trinitätslehre liegen aufgrund der im ersten Abschnitt dieses Vortrags formulierten Einsichten und Fragen bereit. Dabei zeigte es sich, dass die Verbindung des altkirchlichen Grundsatzes „Opera trinitatis ad extra sunt indivisa" mit dem methodischen Grundsatz, die Trinitätslehre aus dem geschichtlichen Wirken Gottes abzuleiten und zu begründen, eine gravierende Spannung bildet, die Beachtung verdient. Ebenso zeigte sich, dass nach einer Antwort auf die Frage: „Warum ausgerechnet drei?" gesucht werden muss, die gleichzeitig sowohl die ungeteilte Einheit der Opera trinitatis ad extra als auch ihre irreduzible Unterscheidbarkeit festhält. In beiden Fällen zeigt sich also das klassische Grundproblem der Trinitätslehre, wie Einheit und Dreiheit unreduziert als miteinander vereinbar und verbunden gedacht werden können.

Um zu einer solchen Gestalt der Trinitätslehre zu kommen, ist ein Zwischenschritt erforderlich, der in vielen Trinitätstheologien faktisch unternommen wird, aber nur selten in seiner grundlegenden Bedeutung kenntlich gemacht wird. Ich formuliere diesen Zwischenschritt als These: *Um zu einer fundierten Trinitätslehre zu kommen, muss das Wirken Gottes in seinem Weltverhältnis als* Selbstoffenbarung Gottes *verstanden werden.*

Ich möchte diese These erläutern, indem ich ihren Sinn zunächst gegen zwei mögliche Missverständnisse *abgrenze*: Die These besagt nicht, Gottes Wirken in seinem Weltverhältnis könne, dürfe oder solle *nur* als Selbstoffenbarung verstanden werden, sondern sie besagt, dass das Wirken Gottes in seinem Weltverhältnis als Selbstoffenbarung Gottes verstanden werden muss, *wenn* es auf seine Implikationen für das Gottesverständnis und die Gotteslehre hin betrachtet und bedacht werden soll.[8] Gesagt wird mit der These also nur: Wo immer ein Wirken Gottes in sei-

---

4 De trinitate (404-ca. 420), in: MPL 42, dt. BKV 11f., Kempten/München 1935/36.
5 Phänomenologie des Geistes VII/C: Die offenbare Religion (1807), in: G. W. F. Hegel, Werke in zwanzig Bänden, Bd. 3, Frankfurt/Main 1970, 545-574.
6 Phänomen und Logik der Zeichen (1903), hg. und übs. von Helmut Pape, Frankfurt/Main (1983) 1993² sowie Religionsphilosophische Schriften, hg. und übs. unter Mitarbeit von Helmut Maaßen von Hermann Deuser, Hamburg 1995.
7 Die kirchliche Dogmatik I/1, Zürich (1932) 1964⁸, 311-514.
8 Gegen diese These spricht nicht die Tatsache, dass es ein jedem menschlichen Erkennen *verborgenes* Wirken Gottes geben könnte, das nicht als Selbstoffenbarung Gottes an den Menschen verstanden werden kann. Denn ein solches Wirken könnte von uns Menschen gar nicht

nem Weltverhältnis von Menschen erkannt wird, da kann und muss es, wenn man daraus Konsequenzen für das Gottesverständnis ziehen will, als Selbstoffenbarung Gottes verstanden werden. Das gilt so, wie wir jede Tat eines Menschen immer auch daraufhin betrachten können, dass sich dieser Mensch in dieser Tat zu erkennen gibt, sich zeigt.

Damit ist auch schon das andere mögliche Missverständnis ausgeschlossen, als sei „Selbstoffenbarung" so zu verstehen, dass Gott seinem Wirken jeweils als Ergänzung eine spezifische Botschaft mit Offenbarungscharakter hinzufügte, so wie z.B. ein Künstler sein Bild signiert. Demgegenüber meint die These, dass das Wirken selbst und als solches, wenn es als Wirken Gottes erkannt und verstanden wird, damit eo ipso auch als Selbstoffenbarung Gottes zu verstehen ist. Indem Gott die Welt erschafft und erhält, sein Volk aus Ägypten herausführt etc., offenbart er sich als der Gott, der dies tut und der ein solcher Gott ist. *Jedes* für Menschen erkennbare Wirken Gottes hat also Offenbarungscharakter, ohne in diesem Offenbarungscharakter aufzugehen.

Der Sinn der These besteht demzufolge darin, dass jedes erkennbare Wirken zugleich als Selbstoffenbarung Gottes verstanden werden kann und zu verstehen ist, wenn die Bedeutung des Wirkens Gottes für das Sein Gottes und für dessen Erkenntnis erfasst werden soll. Der Charakter als Selbstoffenbarung ist also ein wesentlicher Aspekt an jedem Wirken Gottes in seinem Weltverhältnis, sofern es als solches (von Menschen) erkannt und verstanden wird.

Was ist damit gewonnen? Gewonnen ist damit die Verbindung zwischen der Orientierung an den unterschiedlichen Weisen des Wirkens Gottes in der Welt als Grund und Quelle aller Gotteserkenntnis und der Selbstoffenbarung Gottes als dem sie einenden Element. Dadurch wird sowohl der Grundsatz „Opera trinitatis ad extra sunt indivisa" festgehalten als auch eine Basis für eine präzisere trinitätstheologische Reflexion geschaffen. Die Aussage, dass die Erkenntnis des dreieinigen Gottes aus nichts anderem als aus seinem geschichtlichen Wirken abzuleiten ist, muss demgemäß nur *insofern* korrigiert werden, als sie *präzisiert* werden muss: Die Erkenntnis des dreieinigen Gottes ist aus nichts anderem als aus seinem geschichtlichen Wirken *als Selbstoffenbarung* abzuleiten.

Aber wie kommen wir von da aus zu der Einsicht, dass an jedem Akt der geschichtlichen Selbstoffenbarung Gottes der Vater, der Sohn und der Heilige Geist beteiligt sind? Und wie kann diese Einsicht aus der Erkenntnis des geschichtlichen

---

als Wirken Gottes verstanden werden, da es sich voraussetzungsgemäß jedem menschlichen Erkennen entzieht. Das schließt freilich nicht die Möglichkeit aus, dass es sich um ein *für Gott* erkennbares Wirken Gottes handeln könnte. Aber diesen Fall eines *nur für Gott* selbst erkennbaren Wirkens Gottes können wir hier, wo es um die Grundlegung der Gottes- bzw. Trinitäts*lehre* als eines menschlich-theologischen Reflexionsproduktes geht, beiseite lassen.

Wirkens Gottes als Selbstoffenbarung abgeleitet werden, ohne dass es sich dabei ebenfalls um eine petitio principii handelt?

Auf diese Frage versucht die zweite These meines Vortrags eine Antwort zu geben: *Aus dem als Selbstoffenbarung verstandenen Wirken Gottes kann die Trinitätslehre dann abgeleitet werden, wenn diese Selbstoffenbarung als ein* spezifischer Zeichenprozess *betrachtet und verstanden wird.*

Auch diese zweite These bedarf einer kurzen Erläuterung und Abgrenzung gegenüber möglichen Missverständnissen: Sie besagt nicht, dass Gottes Wirken als Selbstoffenbarung *nur* als Zeichenprozess erkannt, verstanden oder interpretiert werden kann.[9] Und die These besagt auch nicht, dass das Wirken Gottes nur dann als Gottes Selbstoffenbarung wahrgenommen, verstanden und interpretiert werden könnte, wenn es als Zeichenprozess erkannt, verstanden und interpretiert wird. Wohl aber besagt die These, dass Gottes Wirken als Selbstoffenbarung Gottes *stets auch* als Zeichenprozess erkannt, verstanden und interpretiert werden kann. Und sie besagt weiter, dass dann, wenn dies geschieht, eine nicht-zirkuläre *Basis* für die Ableitung der Trinitätslehre aus dem Wirken Gottes als Selbstoffenbarung gewonnen ist.

Dies ist nur deshalb möglich, weil *jeder* Zeichenprozess eine nicht reduzierbar *dreistellige* Struktur hat.[10] Dabei bildet der „Zeichenträger"[11] den Ausgangspunkt zum Verstehen des Zeichenprozesses. Dieser Zeichenträger bezeichnet etwas, d.h. er verweist auf ein „Objekt"[12]. Aber dieser Zeichenprozess nur dadurch zustande,

---

9 Andere Interpretationsmöglichkeiten sind z.B. das Verständnis der göttlichen Selbstoffenbarung als personales Begegnungs- oder Kommunikationsgeschehen oder als geschichtliches Ereignis.

10 Damit ist zunächst nur gesagt, dass *nicht weniger* als drei Elemente daran beteiligt sein können. Auf die Frage, ob es aus semiotischer Sicht auch *mehr* als drei Elemente sein könnten, soll am Ende dieses Abschnitts eingegangen werden. Wichtige Beiträge zu einem semiotischen Zugang zur Trinitätslehre bietet Hermann Deuser, z.B. in seinem Band „Gott: Geist und Natur", Berlin/New York 1993 (154-173) sowie in seinen Aufsätzen in: MJTh VI/1994 (45-67) und MJTh X/1998 (95-128). Eine hervorragende Einführung in die Semiotik (von Charles Sanders Peirce) aus theologischer Sicht (und für Theologen) bietet Martin Vetter: Zeichen deuten auf Gott, Marburg 1999, 1-146.

11 Es wäre möglich, statt von „Zeichenträger" hier auch von „Zeichen" zu sprechen, aber dann droht die Gefahr, dass *ein* Element aus dem Zeichenprozess mit dem Ganzen terminologisch gleichgesetzt und daraufhin leicht verwechselt wird. Ich vermeide deshalb innerhalb der semiotischen Strukturanalyse den Begriff „Zeichen" und spreche im Blick auf dieses eine Element von „Zeichenträger" und im Blick auf das Ganze von „Zeichenprozess".

12 Dass ein Objekt in diesem Fall auch ein Mensch oder Gott sein kann, eine Eigenschaft oder ein Ereignis, und nicht nur das, was wir normalerweise als „Ding" bezeichnen, sei hierzu ausdrücklich angemerkt. „Objekt" in semiotischer Hinsicht ist alles, worauf ein Zeichenträger verweist.

dass der Zeichenträger *in seiner Verweisfunktion* auf ein Objekt erkannt wird. Dieses Element wird in semiotischer Terminologie als „Interpretant" bezeichnet.

Zeichenträger   Objekt   Interpretant

Wichtig zum Verständnis dieses dreistelligen semiotischen Modells ist, dass die drei in ihm vorkommenden Elemente als Träger von Funktionen verstanden werden und nicht als Klassen von bestimmten Seienden. So sind „Zeichenträger" nicht nur Buchstaben, Wörter, Ziffern, graphische Darstellungen etc., sondern Zeichenträger kann alles sein, sofern es auf etwas, auf ein Objekt verweist und in dieser Verweisfunktion erkannt und interpretiert wird. Deshalb kann z.B.: auch ein Mensch, wie Jesus von Nazareth, ein Zeichenträger sein, der auf Gott oder auf das Kommen der Gottesherrschaft verweist. Dieser Zeichenprozess kommt aber erst dadurch zustande, dass er in seinem Zeichen- bzw. Verweischarakter erkannt und verstanden werden.

Gegenüber dem nahe liegenden Einwand, mit diesem Interpretationsansatz würde die Trinitätslehre auf modernistische Weise der Semiotik unterworfen, von ihr vereinnahmt und fremdbestimmt, kann man zunächst daran erinnern, dass die zeichentheoretische Betrachtungsweise und Sprache sowohl in der Bibel fest verankert ist als auch in der theologiegeschichtlichen Überlieferung seit der alten Kirche eine zentrale Rolle spielt. So taucht nicht nur im Johannesevangelium das Verständnis der Wunder Jesu als Zeichen reichlich auf,[13] sondern in den Schöpfungspsalmen und in Röm 1,18-27 hat der Gedanke zentrale Bedeutung, dass die Kreaturen auf Gott als ihren Schöpfer verweisen, wenn man sie nur richtig, d.h. als solche Zeichenträger wahrnimmt und deutet. Zugleich lässt sich bezogen darauf semiotisch formulieren, worin nach paulinischer Auffassung das Wesen der *Sünde* besteht: im Vertauschen der Zeichenträger mit dem Objekt, inhaltlich gesagt: der Geschöpfe mit dem Schöpfer.

Lässt sich nun das Wirken Gottes in seinem Weltverhältnis als Selbstoffenbarung mit Hilfe eines solchen semiotischen Strukturmodells so interpretieren, dass dadurch die Trinitätslehre als angemessene Interpretation des Wirkens und Seins Gottes erkennbar wird? Das ist möglich; denn die Erkenntnis des unsichtbaren Gottes aus seinen Werken bedarf stets der Zeichenträger, die auf Gott verweisen, und anhand deren Gott erkannt werden kann. Dabei finden aus der Sicht des Neuen Testaments und des christlichen Glaubens alle anderen möglichen Zeichenträger ihre Mitte und ihr Maß in Jesus Christus als dem „Sohn", der „das Ebenbild des

---

13 Joh 2,11.18.23; 3,2; 4,48.54; 6,2.14.26.30; 7,31; 9,16; 10,41; 11,47; 12,18.37; 20,30. Aber auch im übrigen Schrifttum des Neuen Testaments ist der Zeichenbegriff reichlich belegt.

unsichtbaren Gottes" (Kol 1,15; s.a. Hebr 1,3) Gottes ist,[14] und zwar in der Gesamtheit seiner Existenz als der Verkündiger, der Gekreuzigte und Auferweckte. Joh 14,9 bringt dies in Form einer Selbstaussage Jesu ganz knapp zum Ausdruck: „Wer mich sieht, der sieht den Vater!" Dabei kann all dies nur dann wahrheitsgemäß gesagt werden, wenn der Sohn und der Vater „wesenseins" sind, d.h., wenn an Jesus Christus das *Wesen* Gottes abgelesen werden kann.[15]

Aber das bisher Festgehaltene führt nur zu einer Binität, die aus Vater und Sohn besteht, deren Wesenseinheit und zugleich ihre Unterschiedenheit als „Objekt" und „Zeichenträger" impliziert. Die Notwendigkeit der Erweiterung zur Trinitätslehre ergibt sich dann – erst dann, dann aber notwendig –, wenn sich die Frage stellt, wem die Christenheit diese Einsicht verdankt, die sie in ihrer Lehre und ihrem Bekenntnis formuliert. Dabei wäre es logisch möglich, aber mit dem *Inhalt* der Selbstoffenbarung Gottes unvereinbar, diese Erkenntnis auf die eigene Anstrengung und Leistung des *Menschen* zurückzuführen und damit sich selbst den entscheidenden Anteil an der Erkenntnis der Selbstoffenbarung Gottes zuzuschreiben. Nimmt man hingegen das ernst, was durch Jesus Christus inhaltlich – in der Botschaft von der nahe herbeigekommenen Gottesherrschaft und von der bedingungslos zugesprochenen Gemeinschaftstreue Gottes – laut wird, und beschreibt man den Prozess, wie ein Mensch zur Gotteserkenntnis kommt, phänomenologisch genau, dann muss man sagen: Auch dies ist *Gottes* Wirken. Aber es ist ein *anderes* Wirken, als das Wirken in Jesus Christus. Es ist das die Erkenntnis des Menschen schaffende, ihm Gewissheit schenkende, in ihm Glauben weckende Wirken des Heiligen Geistes, der der Geist *Gottes* und damit ebenfalls *eines Wesens* mit dem Vater ist.[16]

Dieser letztgenannte Gedanke wäre jedoch missverstanden, wenn man daraus folgerte, der Heilige Geist sei – semiotisch betrachtet und gesprochen – der Interpretant im Geschehen der Selbstoffenbarung Gottes. Interpretant ist ja dasjenige, *als was* ein Zeichenträger verstanden und interpretiert wird. Der Heilige Geist ist

---

14 Diese Zentralstellung der Person Jesu Christi bringt Paul Tillich in einer glücklichen Wendung zum Ausdruck, indem er die Christusoffenbarung als die „letztgültige Offenbarung" (Systematische Theologie I, 158ff.) bezeichnet und sie damit sowohl von der „einzigen", als auch von „einer unter mehreren", als auch von der „letzten" unterscheidet.

15 Dies hat die altkirchliche Christologie, insbesondere unter Rückgriff auf die im Johannesprolog angelegte Logos-Lehre, in den ersten Jahrhunderten nach Christus Schritt für Schritt ausformuliert. Und sie hat dies sachlich zu recht als Auslegung der biblischen Botschaft von Jesus Christus verstanden.

16 In großer Klarheit hat Luther dies bekanntlich in der Auslegung des dritten Artikels im Kleinen Katechismus zum Ausdruck gebracht mit den Worten: „Ich glaube, dass ich nicht aus eigener Vernunft noch Kraft an Jesus Christus, meinen Herrn, glauben oder zu ihm kommen kann, sondern der heilige Geist hat mich durchs Evangelium berufen, mit seinen Gaben erleuchtet, im rechten Glauben geheiligt und erhalten ..." (BSLK 511,46-512,5).

jedoch nicht das, *als was* der Sohn verstanden wird, sondern derjenige, *der* Jesus als den Christus und Sohn Gottes zu erkennen lehrt. Man könnte den Heiligen Geist folglich als Interpreten bezeichnen, aber nicht als Interpretanten. Insofern kann das semiotische Modell nicht unverändert übernommen werden, sondern muss an einer Stelle modifiziert werden. Mit dieser Modifikation ist es jedoch in trinitätstheologischer Hinsicht sehr leistungsfähig. Hiergegen lassen sich jedoch drei Einwände erheben:

Der erste Einwand kann sich am Element „Zeichenträger" festmachen und folgende Form annehmen: Wenn nicht nur Jesus Christus als der Sohn bzw. inkarnierte Logos Gottes Zeichenträger der Offenbarung Gottes ist, sondern *jedes* Geschöpf ein solcher Zeichenträger sein kann, droht dann nicht an dieser Stelle ein Einbruch der Welt in die Gotteslehre, der entweder zu einer *Vergöttlichung* der Welt oder zu einer *Verweltlichung* Gottes führt? Meine Antwort auf diesen Einwand lautet: Dies ist so lange nicht der Fall, als die Christenheit an der Einsicht festhält, dass Jesus Christus der *einzig*geborene Sohn des Vaters ist, der mit dem Vater wesenseins und darum nicht geschaffen, sondern von Gott „gezeugt" und aus Gott „geboren" ist.[17] Er ist darum von allen Geschöpfen kategorial unterschieden. Zwar gilt, dass die ganze Welt im Logos und durch den Logos – nach älterer Tradition: in der Sophia und durch die Sophia – geschaffen ist, aber das heißt gerade nicht, dass die Welt selbst Logos oder Sophia *wäre*. Das gilt *nur* von Jesus Christus. Wir können sehr wohl anhand einzelner Geschöpfe Gottes Wirken erkennen, aber nur in Jesus Christus hat Gott sein *Wesen* so erschlossen, dass wir es in ihm erkennen können.

Der zweite Einwand richtet sich darauf, dass wegen der Universalität der semiotischen Struktur offenbar alles, was über Gottes Selbstoffenbarung in semiotischer Hinsicht gesagt wird, auch für jeden anderen Bezeichnungsakt, also für jede Semiose gilt. Von daher scheint es möglich, alles als trinitarisch zu interpretieren.

---

17 Hier ist die – nicht nur mögliche, sondern *notwendige* – Anschlussstelle der *immanenten* Trinitätslehre an die bislang in diesem Vortrag ausschließlich thematisierte *ökonomische* Trinitätslehre. Zwar kann die immanente Trinitätslehre hier nicht einmal ansatzweise entfaltet werden, aber folgende knappe Aussagen sollen dazu doch gemacht werden: Der „Vater" (als das semiotische Objekt) ist derjenige, von dem der „Sohn" (als der semiotische Zeichenträger) so ausgeht, dass *bildlich* gesagt werden kann, der „Sohn" sei vom Vater „gezeugt" und „geboren", aber nicht „geschaffen" oder „gemacht". Dass der „Sohn" eines Wesens mit dem „Vater" ist, erfordert diese *unumkehrbaren* Aussagen. Deshalb ist zu sagen, dass der „Vater" den „Sohn" zeugt und gebiert, aber der „Sohn" zeugt oder gebiert *nicht* den „Vater", sondern er wird vom „Vater" gezeugt und geboren. Komplexer ist die Beziehung zum „Geist"; denn er geht vom „Vater" *und* vom „Sohn" in Form einer „Hauchung" aus, er *wird* also von beiden gehaucht, aber er haucht *weder* den „Vater" *noch* den „Sohn". Insofern sind – abgesehen von dem untrennbar gemeinsamen Werke des „Vaters" und des „Sohnes" im Blick auf den „Geist" – die Werke der Trinität nach *innen*, also die opera trinitatis ad *intra* getrennt und zu trennen.

Verschwindet die Trinitätslehre auf diese Weise in der Semiotik? Antwort: Das ist deshalb nicht der Fall, weil nur von der Trinitätslehre gilt, dass es *ein und derselbe* Gott ist, der in Jesus Christus Mensch wird und der auch das Subjekt der Erleuchtung, durch die Jesus als der Christus erkannt wird. Man könnte im Blick darauf von der *semiotischen Allmacht Gottes* sprechen, die sich in seiner Selbstoffenbarung zu erkennen gibt. Das unterscheidet den Zeichenprozess der Selbstoffenbarung Gottes von jedem anderen Zeichenprozess, und deshalb war in der obigen zweiten These von dem *„spezifische(n) Zeichenprozess"* die Rede.

Der dritte mögliche Einwand knüpft an die Rede von der *nicht reduzierbaren Dreiheit* an, akzeptiert sie als Minimalbedingung, fragt aber in die umgekehrte Richtung: Können wir definitiv ausschließen, dass es nicht noch ein *viertes* (und fünftes) Element im Zeichenprozess gibt, das für sein Zustandekommen und Verstehen konstitutiv ist, uns aber bisher verborgen geblieben ist? Anders gefragt: Was würde es für die so interpretierte Trinitätslehre besagen, wenn wir zu der Erkenntnis kämen, dass es im Zeichenprozess ein weiteres, bisher übersehenes, konstitutives Element gibt?[18] Wirft man einen Blick auf die Semiotik und ihre Geschichte, so wird man sagen müssen, dass nicht ausgeschlossen werden kann, dass sich in irgendeiner Zukunft eine solche Einsicht anmelden könnte.[19] Und im Blick darauf muss man m.E. sagen: Würde sich eine solche Einsicht in den irreduziblen mehr-als-dreistelligen Charakter jedes Zeichenprozesses aufdrängen, so müsste(n) diese(s) zusätzliche(n) Element(e) auch schon in der Offenbarungsgeschichte Gottes mit seiner Welt präsent gewesen sein, und wir hätten es bzw. sie bisher nur übersehen. Und dann wäre es in der Tat die Aufgabe der christlichen Theologie und Kirche, diese(s) bisher übersehene(n), aber sachlich konstitutive(n) Element(e) in die Trinitätslehre zu integrieren und diese damit zu erweitern.

Das sind spekulative Fragen und Überlegungen, aber als Probe aufs Exempel sind sie nützlich. Das heißt zugleich, dass die Antwort auf die Frage: „Warum ausgerechnet drei?" auch in diesem Text nur auf dem Stand gegenwärtiger, geschicht-

---

18 Diese Frage hat mir Superintendent Hans Georg Furian auf einer Tagung in Pullach gestellt, als ich zum erstenmal eine Vorform dieses Modells der Trinitätslehre vorgestellt habe. Ich danke ihm auch noch nachträglich für diese konstruktive Frage.

19 Man könnte etwa fragen, ob nicht z.B. der Adressat, also derjenige, *dem* die Selbstoffenbarung Gottes zuteil wird, notwendig zu diesem Strukturmodell hinzugehören. Wir hätten es dann also nicht nur mit dem zu tun, *wodurch* die Selbstoffenbarung Gottes verweist (Z), und mit dem, *worauf* die Selbstoffenbarung Gottes verweist (O), sowie mit dem, *was* die Selbstoffenbarung Gottes zu erkennen gibt (I), sondern auch noch mit dem, *dem* es zu erkennen gegeben wird (A). Aber diese plausibel klingenden zusätzlichen Fragen sind – wie sich bereits in Anm. 8 zeigte – einem *anderen Interpretationsmodell*, und zwar einem *kommunikations*theoretischen Modell entnommen. In diesem Modellrahmen sind sie ganz überzeugend, aber er eignet sich nicht als Ausgangspunkt für das Verständnis der Trinitätslehre; denn der Mensch, der Gott erkennt, ist nicht Bestandteil der Gotteslehre.

lich bedingter Erkenntnismöglichkeiten gegeben werden kann und nicht mit dem
Anspruch, unüberholbar zu sein. Aber mit diesem Vorbehalt kann man die gestellte
Frage durchaus beantworten.

3 Vermittlung der Trinitätslehre

Wer den bisherigen Ausführungen zumindest vorläufig oder bedingt etwas abzu-
gewinnen vermag, könnte immer noch fragen, ob damit tatsächlich ein Beitrag dazu
geleistet werde, die Trinitätslehre *auf verständliche Weise* zu vermitteln. Wird
durch den zweifachen Umweg über den Begriff der Selbstoffenbarung und über die
Zeichentheorie nicht alles noch (viel) komplizierter und unverständlicher? Im Blick
auf die theoretische Entfaltung, wie sie hinter uns liegt, kann ich das nicht bestrei-
ten. Ich wäre im Moment auch nicht in der Lage, das bisher Gesagte wesentlich
einfacher und verständlicher auszudrücken. Das schließt aber nicht aus, dass man
aufgrund dieser theoretischen Klärung in der Lage sein könnte, den Grund, Sinn
und Inhalt der Trinitätslehre ganz verständlich an theologisch nicht oder wenig
vorgebildete Erwachsene oder Kinder zu vermitteln. Dieser Aufgabe möchte ich
mich in dem abschließenden dritten Teil dieses Vortrags widmen. Dabei werde ich
an zwei Stellen auf eine schlichte Interpretation biblischer Texte und an einer Stelle
auf einen ebenfalls schlichten rundfunkhomiletischen Versuch rekurrieren.

Will man die so modellierte Trinitätslehre in der Verkündigung oder im Unter-
richt vermitteln, so empfiehlt es sich, den Zugang in *zwei* Schritten, die in gewisser
Weise dem altkirchlichen Dogmenbildungsprozess parallel laufen, zu erschließen.
Dabei ist es eine wichtige Verstehenshilfe, dass nach allem, was wir wissen, Jesus
nicht mit dem (expliziten) Anspruch aufgetreten ist, der Christus oder Messias, der
Sohn oder inkarnierte Logos Gottes, des Vaters zu sein, sondern dass er durch seine
Verkündigung, sein Sterben und seine Auferweckung Menschen, die damit in Be-
rührung kamen und kommen, schließlich die Einsicht und das Bekenntnis abge-
winnt: „Wahrlich, dieser Mensch ist Gottes Sohn gewesen!" (Mk 16,39) oder:
„Mein Herr und mein Gott!" (Joh 20,28). Wie lässt sich dieser Prozess und Weg
nachvollziehbar und verständlich beschreiben?

„Und Jesus ging fort mit seinen Jüngern in die Dörfer bei Cäsarea Philippi. Und
auf dem Weg fragte er seine Jünger und sprach zu ihnen: Wer sagen die Leute, dass
ich sei? Sie antworteten ihm: Einige sagen, du seist Johannes der Täufer; einige
sagen, du seist Elia; andere, du seist einer der Propheten. Und er fragte sie: Ihr aber,
wer sagt ihr, dass ich sei? Da antwortete Petrus und sprach zu ihm: Du bist der
Christus!" (Mk 8,27-29 parr.) In diesem Abschnitt, der im Markusevangelium eine
tiefe Zäsur bildet, weil damit der Weg nach Jerusalem und zum Kreuz beginnt,

wird eine Szene überliefert, in der Jesus seine Jünger fragt: „Wer sagen die Leute, dass ich sei?" (V. 27). Er will also wissen, für wen die Menschen ihn halten, die mit ihm zu tun bekommen haben. Drei Antworten werden daraufhin seitens der Jünger referiert: Johannes der Täufer; Elia; einer der Propheten (V. 28).[20] Man darf die Antworten der Leute zusammenfassen in der Vermutung, Jesus sei einer der endzeitlich bedeutenden Propheten, nicht weniger, aber auch nicht mehr.

Daran knüpft nun Jesu kontrastierende Frage an: „Ihr aber, wer sagt ihr, dass ich sei?" Diese Frage macht nur Sinn, wenn mit den Antworten der Leute noch nicht das Entscheidende, Treffende, Wahre gesagt worden ist. Und sie hat den Sinn, diesen vorläufigen Antworten die Jüngerantwort gegenüberzustellen, die sagt, wer Jesus wirklich ist: „Du bist der Christus!" (Mk 8,29). Schon in dieser markinischen Fassung, erst recht aber bei Matthäus[21] wird deutlich, dass der Titel „Christus" nicht auf dieselbe Ebene wie „Prophet" gehört. Zwischen dem höchsten Propheten und dem Christus bzw. Messias besteht kein quantitativer, sondern zumindest ein *qualitativer*, wenn nicht sogar ein *kategorialer* Unterschied, aufgrund dessen Jesus als der Christus nicht nur wahrer Mensch, sondern auch wahrer Gott ist. Menschen sind in der Begegnung mit Jesus von Nazareth zu der Erkenntnis gekommen: In diesem Menschen begegnen wir *mehr* als einem Propheten. Dieser Mensch verkörpert die Art und das Wesen Gottes selbst. In ihm bekommen wir es mit Gott selbst zu tun; in ihm begegnen wir Gott selbst; nicht, weil Jesus allmächtig, allwissend, allgegenwärtig und ewig wäre, sondern weil in ihm das dem Menschen zugewandte allmächtige, allwissende, allgegenwärtige, ewige liebende *Wesen Gottes* menschliche Gestalt angenommen hat. Um dies auszudrücken oder anzudeuten, verwendet schon das Neue Testament neben dem Titel „Christus" auch den Titel „Sohn (Gottes)", „Logos", ja sogar „Gott" (Joh 20,28).

Was wir mit diesem ersten Schritt erreicht haben, ist eine Form von Binität oder Zweifaltigkeit. Vorsichtiger ausgedrückt: Was sich aufgrund der bisherigen Überlegungen anhand biblischer Texte ergeben hat, ist die Aufgabe, eine Binitätslehre oder Zweifaltigkeitslehre zu entwickeln oder zu entfalten. In ihr muss das Verhältnis von „Vater" und „Sohn" so durchdacht und begrifflich dargestellt werden, dass sowohl die *Wesenseinheit* von „Vater" und „Sohn", also die sie verbindende Gottheit, als auch der *Unterschied der Seinsweisen* von „Vater" und „Sohn" klar zum Ausdruck kommt. Dieser Stand der Lehrbildung ist in der Alten Kirche spätestens mit dem Konzil von Nicäa 325 erreicht worden.[22]

---

20 Diese Antworten stimmen in etwas verkürzter Form ganz mit dem überein, was bereits in Mk 6,14f. als Meinung der Leute über Jesus wiedergegeben wurde.

21 „Du bist Christus, des lebendigen Gottes Sohn!" (Mt 16,16).

22 Zwar wird hier auch schon der Glaube an den Heiligen Geist bekannt, aber die Aussagen über Wesenseinheit beziehen sich nur auf das Verhältnis von Vater und Sohn (siehe DH 125f. so-

Der zweite Schritt wird getan mit Hilfe der Frage, wie die Christenheit – und wie jeder einzelne Christenmensch – zu *dieser* Erkenntnis kommen konnte und gekommen ist. Und hier lautet schon im Neuen Testament die Antwort: Diese Erkenntnis haben wir nicht aus uns selbst, sondern sie ist uns von Gott durch seinen Heiligen Geist gegeben.

Die einschlägige Fortsetzung der Perikope, die als ‚Petrusbekenntnis‘ bekannt ist, findet sich freilich nicht bei Markus und Lukas, sondern nur in: „Und Jesus antwortete und sprach zu ihm: Selig bist du, Simon, Jonas Sohn; denn Fleisch und Blut haben dir das nicht offenbart, sondern mein Vater im Himmel" (Mt 16,17). Hier taucht bereits die Frage auf, woher Petrus das weiß, was er soeben bekannt hat, woher er also die Wahrheit über Jesus als den Christus hat. Und die Antwort ist eine zweifache. Zunächst wird negativ gesagt: nicht durch Fleisch und Blut, d.h. nicht durch Menschen, weder durch andere, noch durch sich selbst. Sodann wird positiv gesagt: durch meinen Vater im Himmel. Hier taucht also nicht der Geistbegriff auf, sondern es ist die Rede vom Vater. Insofern könnte man vermuten, man befinde sich noch auf binitarischer Ebene. Aber mit der Frage und der Antwort wird eine neue Dimension erschlossen, und damit kommt eine dritte Größe ins Spiel, der Interpret, der Petrus und die übrigen Jünger erleuchtet und inspiriert hat, so dass sie zu dieser Erkenntnis kommen konnten. Diese dritte Größe wird teilweise schon im Neuen Testament, vor allem aber in der späteren kirchlichen Lehrbildung als der „Geist" bzw. „Geist Gottes" bzw. „Heilige Geist" bezeichnet. Diese zusätzliche erkenntnistheoretische Fragestellung („Woher stammt diese Einsicht?") und ihre Beantwortung („Nicht von Menschen, sondern von Gott!") ist von größter Bedeutung für das Selbstverständnis des christlichen Glaubens.[23] Dogmengeschichtlich ist diese Reflexionsstufe mit dem sog. Nicänokonstantinopolitanum im Jahre 381 erreicht, wo nun explizit bekannt wird, dass der Heilige Geist aus dem Vater und dem Sohn hervorgeht und zugleich mit beiden angebetet wird, womit das

---

wie Dekrete der ökumenischen Konzilien, Bd. 1, hg. von Josef Wohlmuth, Paderborn u.a. 1973[3], 5).

23 Das wird schon in der Bibel durch zahlreiche Mt 16,17 parallele Aussagen. So findet sich in Mt 11,25-27 das Jesus-Logion: „Ich preise dich, Vater, Herr des Himmels und der Erde, weil du des Weisen und Klugen verborgen hast und hast es den Unmündigen offenbart. Ja, Vater; denn so hat es dir wohlgefallen. Alles ist mir übergeben von meinem Vater, und niemand kennt den Sohn als nur der Vater; und niemand kennt den Vater als nur der Sohn und wem es der Sohn offenbaren will." Hier wird das Offenbaren einerseits (V. 25) dem *Vater* zugeschrieben, andererseits (V. 27) dem *Sohn*. Und als neuer, das bisher Gesagte ergänzender Gedanke kommt hinzu, dass auch das *Verbergen* von Erkenntnis auf Gott zurückzuführen ist. Das ist ein Überlieferungsstrang, der im Markusevangelium im Zusammenhang mit dem Geheimnis-, Verblendungs- oder Verstockungsmotiv eine große Rolle spielt. Siehe dazu vor allem Mk 4,10-12 parr. Mt 13,10-17 und Lk 8,9f.

Modell des einen, gemeinsamen göttlichen Wesens und der unterschiedlichen Seinsweisen von „Vater", „Sohn" und „Heiligem Geist" ausformuliert ist.[24]

Das Resultat dieses zweiten Gedanken- und Entwicklungsschrittes sind nicht drei Götter, sondern es ist dreimal ein und derselbe Gott, der *sich in Jesus Christus durch seinen Geist* seinem Wesen nach offenbart und so erkennen lässt. Und da dieser Offenbarungs- bzw. Zeichenprozess überhaupt nur dort stattfindet, wo alle drei Elemente gegeben sind bzw. sich ereignen[25], darum ist dieser Prozess irreduzibel dreistellig, und darum ist die Trinitätslehre die angemessene Entfaltung der Aussagen über das Wesen Gottes, wie sie sich aus Gottes weltzugewandtem Wirken, das als Selbstoffenbarung Gottes verstanden wird, ergeben.

Lässt sich die so entwickelte und verfasste Trinitätslehre ganz einfach – auch für Kinder nachvollziehbar – darstellen?[26]

In einem Seminar mit dem Thema „Christlicher Glaube in Alltagssprache" schlug ein Teilnehmer, der selbst eine journalistische Ausbildung hat und Praxis hat, vor, als Test für „alltagssprachliche Verständlichkeit" sich folgende Aufgabe zu stellen: Zu dem jeweiligen Thema, das allgemeinverständlich vermittelt werden soll, ist ein Rundfunkbeitrag von 90 Sekunden Länge zu schreiben, der über einen privaten Rundfunksender morgens gegen 6.30-7.00 Uhr, also dann, wenn viele Berufstätige mit dem PKW auf dem Weg zur Arbeit sind und Radio hören, gesendet werden könnte. Das Doppelziel des Sendetextes sollte sein: Der Radiohörer schaltet nicht weg, und er versteht etwas. Das Resultat meiner diesbezüglichen Bemühung sah wie folgt aus:

- Wer bei der Konkurrenz das Doppelte zum selben Preis bekommt, greift natürlich zu.
- Im Christentum bekommen sie, wenn sie sich auf den *einen* Gott einlassen, sogar einen *dreifachen*. Das nennt man *Trinität*. Das sind nicht drei Götter, aber es ist *ein* Gott *dreifach*.
- Wie das zugeht, kann man am besten verstehen, wenn man sich ansieht, wie diese Erkenntnis vor knapp 2000 Jahren entstanden ist.
- Da trat Jesus auf und erzählte den Menschen von Gott. Er lebte mit ihnen zusammen und heilte Kranke. Und nach einer Weile sprach es sich bei immer

---

24 Siehe DH 150 sowie Dekrete der ökumenischen Konzilien; Bd. 1 (s.o. Anm. 36), 24.

25 Weil andernfalls nichts erkannt würde und keine Offenbarung stattfände.

26 Ein diesbezüglicher Versuch mit einer 8. Klasse führte zwar zu dem erhofften Verstehen, endete aber (trotz des anfänglichen Hinweises auf das Gespräch zwischen Christen und Muslimen) mit der Schülerfrage: „Und wofür soll das gut sein?" Das könnte darauf hinweisen, dass die Trinitätslehre doch wohl eher zum Reflexionswissen der Lehrerschaft (und Pfarrerschaft) gehört als zu den Themen des Religionsunterrichts.

mehr Menschen herum: Dieser Jesus tut das, was wir uns immer schon von Gott erhofft haben. Er ist wie Gott. Ja, er ist offenbar Gott in Menschengestalt.

- Da hatten sie Gott zweifach. Und um sie unterscheiden zu können, nannten sie Jesus den *Sohn* und Gott den *Vater*. Denn häufig gleichen die Söhne ja ihren Vätern.
- Aber damit nicht genug. Als sie darüber nachdachten, *wie* ihnen das bewusst geworden war, merkten sie: Das haben wir uns nicht ausgedacht, sondern das hat sich uns förmlich *aufgedrängt*. Es hat uns *eingeleuchtet*. Und ihnen wurde bewusst: Das wirkt derselbe Gott, der uns in Jesus begegnet. Er hat uns das klar werden lassen.
- Und diese dritte Form der Begegnung mit Gott nannten sie den *Heiligen Geist*. Denn durch den Geist werden uns Dinge klar.
- Aber immer war und ist es derselbe *eine* Gott.
- So ist ja auch mit dem Wasser. Es ist immer dieselbe Substanz, auch wenn es einmal *flüssig*, einmal als *festes* Eis und einmal als Wasserdampf *gasförmig* begegnet
- Trinität ist also: *dreimal auf unterschiedliche Weise derselbe Gott*. Und dieser Gott meint es gut mit uns.
- Offensichtlich gilt auch hier: Alle guten Dinge sind drei.

Allerdings sollte man hierauf nicht die Pointe des Textes beschränken, der damals entstanden ist. Er kann vermutlich unschwer (z.B. ohne den ökonomischen Einstieg) seriöser, gediegener, ernsthafter formuliert werden. Die entscheidende Frage ist für mich, kann man *so* auf verständliche Weise zum Ausdruck bringen, was „Trinität" bzw. „Trinitätslehre" bedeutet. Das ist insofern eine Doppelfrage, als es einerseits darum geht, ob das, was damit vermittelt wird, eine genuine Gestalt der *christlichen* (Gottes- bzw. Trinitäts-)*Lehre* ist, und andererseits darum, ob es auf *verständliche Weise* vermittelt wird.

Unterricht – Wissen – Kompetenz: Deutungs- und Partizipationskompetenz im Religionsunterricht[1]

Dietrich Benner

1 Einleitung

Die Überlegungen, die ich im Folgenden zur Diskussion stellen werde, sind im Kontext des von der Deutschen Forschungsgemeinschaft geförderten Projekts RU-Bi-Qua entstanden, in dem am Beispiel des evangelischen Religionsunterrichts religiöse Kompetenzstufen für die Klassenstufen 9 und 10 sowie 12 und 13 ermittelt werden. Das Projekt wurde von Rolf Schieder und Joachim Willems aus der Theologischen Fakultät und Henning Schluß und mir aus der Philosophischen Fakultät IV gemeinsam konzipiert und beantragt. Für die Mitarbeit konnten Roumiana Nikolova und Thomas Weiß sowie Sabine Krause und Tanja Pilger gewonnen werden. Ziel des inzwischen von allen Mitarbeitern gemeinsam verantworteten Projekts ist es, am Beispiel des evangelischen Religionsunterrichts zu klären, wie die in schulischem Unterricht zu vermittelnde religiöse Kompetenz angemessen definiert, in Teilkompetenzen untergliedert und nach Stufen und Schwierigkeitsgraden differenziert werden kann.[2]

Das Projekt geht bewusst nicht von einem psychologischen Modell religiöser Literalität aus, sondern bestimmt religiöse Kompetenz durch eine theoretisch ausgewiesene und empirisch kontrollierte Verknüpfung bildungstheoretischer und theologischer sowie religionspädagogischer und allgemein-didaktischer Fragestellungen. Warum so vorgegangen und wie dabei religiöse Kompetenz durch die angesprochenen Verknüpfungen definiert wird, soll im Folgenden in vier Schritten gezeigt werden.

---

1   Vortrag bei den Berliner Barbara-Schadeberg-Vorlesungen im Juni 2007.
2   Siehe hierzu D. Benner, Bildungsstandards für den Religionsunterricht, in: Religionspädagogische Beiträge 53 (2004), 4-19; ders., Unterricht – Wissen – Kompetenz. Zur Differenz zwischen didaktischen Aufgaben und Testaufgaben, in: D. Benner (Hg.), Bildungsstandards. Instrumente zur Qualitätssicherung im Bildungswesen. Chancen und Grenzen – Beispiele und Perspektiven, Paderborn 2007, 125-138; D. Benner, S. Krause, R. Nikolova, T. Pilger, H. Schluß, R. Schieder, T. Weiß, J. Willems, Ein Modell domänenspezifischer religiöser Kompetenz. Erste Ergebnisse aus dem DFG-Projekt RU-Bi-Qua, in: D. Benner (Hg.), Bildungsstandards. A.a.O., 141-156.

1) Ausgang von einer PISA-Aufgabe aus einer Fernsehsendung
2) Fruchtbare Differenzen zwischen Testaufgaben und didaktischen Aufgaben
3) Zur Bedeutung der Trias Unterricht – Wissen – Kompetenz für den Ausweis von Deutungs- und Partizipationskompetenz als religiöser Teilkompetenzen einer schulisch zu vermittelnden Grundbildung
4) Das Gleichnis von den Arbeitern im Weinberg (Matthäus 20, 1-16). Ein Beispiel aus dem Projekt RU-Bi-Qua

2   Ausgang von einer PISA-Aufgabe aus einer Fernsehsendung

In der Fernsehsendung „PISA – Der große Nationentest" wurde kürzlich Prominenten aus europäischen Staaten die folgende von einer Schülergruppe ausgearbeitete Frage vorgelegt: „Was passiert mit [einem] Besen", der auf den Zeigefingern der rechten und linken Hand „waagerecht liegt, wenn man die Finger langsam aufeinander zu bewegt?" Als mögliche Antworten wurden die folgenden vier zur Wahl gestellt:

a   „Er kippt mit dem schweren Ende nach unten."
b   „Er kippt mit dem leichteren Ende nach unten."
c   „Er bleibt im Gleichgewicht, bis sich die Finger treffen."
d   „Das hängt davon ab, wie weit die Finger von den Enden entfernt sind."[3]

Nachdem die Befragten ihre Antworten abgegeben hatten, führte der Moderator der Sendung das Experiment vor den Anwesenden bzw. fernsehenden Zuschauern durch. Dabei zeige sich, dass der Besen weder nach dem „schweren" noch nach dem „leichteren" Ende nach unten kippt. Als richtig gab der Moderator die Antwort c) aus: „Er bleibt im Gleichgewicht, bis sich die Finger treffen", obwohl auch sie falsch war. Denn der Besen bleibt nicht einfach von Anfang an unverändert „im Gleichgewicht", sondern ruht zunächst mit unterschiedlichem Gewicht auf den Fingern auf, welche durch einen stärkeren bzw. schwächeren Gegendruck ein statisches Gleichgewicht erzeugen, und tritt durch die Bewegung der Finger erst in dem Moment in ein ausbalanciertes oder labiles Gleichgewicht, in dem sich beide Finger unter dem Stock aufeinander zuzubewegen beginnen.

Was die vorgestellte Aufgabe im Kontext der Barbara-Schadeberg-Vorlesungen zum Thema „Gott lesen – Welt begreifen" interessant macht, ist weniger die irrige Annahme, die Aufgabe sei ein Beispiel dafür, wie Schüler ihr Wissen in Schule, Alltag und späterem Berufsleben erfolgreich anwenden können,

---

3   Die vollständige Aufgabe findet sich unter der Überschrift „Der verhexte Besen" im Aufgabenarchiv unter http://www.wdr.de/tv/pisa/pdf/pisa_aufgaben_6.pdf.

denn wer hat schon jemals einen Straßenkehrer oder einen Hausmann in der angegebenen Weise mit einem Besen hantieren gesehen. Es ist vielmehr ein Vergleich, der sich mit einer circa 250 Jahre alten Aufgabe anbietet, der hilfreich ist, um einige Unterschiede zwischen Testaufgaben und didaktischen Aufgaben in den Blick zu bringen und Sachverhalte deutlich zu machen, die nicht zuletzt für die Beantwortung der Frage von Bedeutung sind, welche religiöse Kompetenz durch Religionsunterricht an Schulen entwickelt werden kann und soll.

Am Ende des dritten Buchs von Rousseaus „Emile" findet sich eine ebenfalls von einem Stock handelnde Aufgabe. Sie wurde von Rousseau nicht zu Testzwecken konstruiert, sondern so formuliert, dass sie Aussagen über didaktisch fruchtbare Arrangements für Lehren und Lernen erlaubt. Bevor Rousseau die Aufgabe selbst vorstellt, geht er ausführlich auf den didaktischen und kompetenztheoretischen Kontext ein, für den er die Aufgabe entwirft. Nachdem die Sinne seines imaginären Zöglings in den vorausgegangenen Lebensphasen einzeln und wechselseitig vom Tastsinn über den Gehörsinn und Gesichtssinn bis hin zum Geschmackssinn gebildet und eingeübt worden seien, sollten sie nun für neuzeitliches wissenschaftliches Denken geschmeidig gemacht werden. Hierfür wähle er ein Arrangement, das „Geduld und [...] Vorsicht" erfordere, wozu – auf Anhieb jedenfalls – „wenig Lehrer fähig" seien. Ergänzend führt er aus, ohne solche Geduld und Vorsicht werde „der Schüler niemals [...] urteilen lernen".[4]

Was mit dieser These gemeint ist, verdeutlicht er dann am Beispiel eines aus dem Wasser herausragenden, scheinbar gebrochenen Stockes. Der Gang der Beobachtungen und Experimente, zu denen er seinen Schüler auffordert, kann wie ein Kommentar zum Besen-Experiment in der Fernsehsendung „PISA – Die große Nationensendung" gelesen werde. Rousseau führt nämlich aus:

> „Beeilt man sich zum Beispiel, wenn [der Schüler] sich wegen des Scheines des zerbrochenen Stockes täuscht, den Stock aus dem Wasser zu ziehen, um ihm seinen Irrtum zu zeigen, so wird man ihn vielleicht von dem Irrtum befreien; was wird man ihn aber lehren? Nichts, als was er selbst bald gelernt haben würde. [...] Das ist es nicht, was man tun muss. Es kommt nicht so sehr darauf an, daß man ihn eine Wahrheit lehrt, als dass man ihm zeigt, wie man es machen muss, um allezeit die Wahrheit zu entdecken." (ebd.)

Statt die Illusion des gebrochenen Stockes oder des zum schwereren Ende herunterfallenden Besens zu zerstören, kommt es nach Rousseau darauf an, dass die Lernenden selbst ihren Gesichtssinn schärfen und genaue Beobachtungen anstellen, das Experiment mit entwerfen und Annahmen und Hypothesen formulieren sowie anschließend die von ihnen für wahr gehaltenen Schlüsse überprüfen. Eine

---

4   J.-J. Rousseau, Emile *oder* Von der Erziehung (1762/1780), München 1979, 250f.

so vorgehende Bildung von Urteilskraft verlangt, dass von den Lernenden die Stufen eines bildenden Staunens, einer Irritation, die früher erworbene Vorstellungen problematisiert, einer hieran anschließenden Hypothesenbildung und eines diese prüfenden Experiments, das es wiederum auszuwerten gilt, durchlaufen werden.[5]

Zu diesem Zweck muss der Lehr-Lern-Prozess mit einem schon von Aristoteles in seiner Bedeutung erkannten Sich-Wundern beginnen und mit einer vorläufigen Antwort enden.

Diese ist nicht als Desillusionierung einer zuvor lebensweltlich erzeugten Verwunderung, sondern als Ergänzung der lebensweltlichen Erfahrung durch wissenschaftliche Betrachtungsweisen zu erarbeiten. In dem zu den mit PISA verfolgten Evaluationszwecken konstruierten Besenexperiment steht das Staunen darüber, dass der Besen nicht zum schwereren Ende hin herunterfällt, am Ende, um dann sogleich zu verschwinden. In Rousseaus Stockexperiment steht das Staunen über den sich bewegenden Knick dagegen am Anfang, um auch nach Durchführung des Experiments anzudauern und Anlässe für weitergehende Fragen vorzuhalten. Dies belegt, dass die bloße Ausrichtung an einer Anwendungsaufgabe für ein theoretisch-pragmatisches Vorgehen keineswegs ausreicht. Pragmatisch und experimentell muss vielmehr der Lernprozess selbst strukturiert werden.

Die in ihm zu vollziehenden Blickwechsel von der Alltagserfahrung zur wissenschaftlichen Hypothesenbildung und von dort zur Alltagserfahrung zurück wollen nicht nur vollzogen, sondern auch reflektiert und erinnert werden. Das Staunen darf daher im Lehr-Lern-Experiment nicht verlernt werden, sondern muss fortbestehen können, z.B. als Staunen darüber, dass sich Gleichgewichte zuweilen durch Bewegung selbst herstellen, zuweilen nicht, oder in ästhetischen Alltagserfahrungen und in Werken der Kunst, in denen sich der gebrochene Stock weiterhin als gebrochener Stock zeigt. Die Unterschiede zwischen den ausdifferenzierten Erfahrungs- und Wissensformen, der lebensweltlichen, der naturwissenschaftlich-szientifischen und der ästhetischen, gilt es analytisch, phänomenologisch, hermeneutisch, voraussetzungskritisch usw. zu bewahren und zu reflektieren.[6] Und nicht zuletzt muss verhindert werden, dass die genannten Unterschiede hinter angebli-

---

5   Vgl. M. Schneider: Zur didaktischen Bedeutung des Staunens in Lehr-Lern-Prozessen. Eine Studie mit Bezug auf antike und moderne Traditionen. Wissenschaftliche Hausarbeit zur Ersten Staatsprüfung, Staatliches Prüfungsamt Berlin 2006/2007.

6   Vgl. hierzu D. Benner, Die Struktur der Allgemeinbildung im Kerncurriculum moderner Bildungssysteme, in: Zeitschrift für Pädagogik 48 (2002) 68-90; siehe auch K. Meyer-Drawe, Anfänge des Lernens, in Erziehung – Bildung – Negativität. 49 Beiheft der Zeitschrift für Pädagogik Weinheim und Basel 2005, 24-37; A. English, Negativität der Erfahrung, Pragmatismus und die Grundstruktur des Lernens, ebd., 49-61; L. Koch, Eine pädagogische Apologie des Negativen, ebd., 88-104.

chen Lösungen vermeintlicher Anwendungsaufgaben zum Verschwinden gebracht und für Testzwecke konstruierte Aufgaben zu Idealnormen für guten Unterricht erhoben werden.

3 Fruchtbare Differenzen zwischen Testaufgaben und didaktischen Aufgaben

Aus Testaufgaben – wie der am Besenstiel illustrierten – können nicht ohne Weiteres sinnvolle didaktische Aufgaben und aus didaktischen Aufgaben – wie der von Rousseaus gebrochenem Stock – nicht ohne Weiteres Testaufgaben abgeleitet werden. Es macht ebenso wenig Sinn, von didaktischen Aufgaben zu verlangen, was nur Testaufgaben leisten können, wie die Dignität von Testaufgaben davon abhängig zu machen, dass sie alle wünschenswerten Funktionen didaktischer Aufgaben erfüllen. Aber anschlussfähig aneinander in einem noch zu klärenden Sinne müssen oder sollten beide Typen von Aufgaben sein.

Hier lassen sich vier Anforderungen nennen, die an didaktische Aufgaben zu stellen sind:

1) Didaktische Aufgaben strukturieren Lehr-Lernprozesse dann anspruchsvoll, wenn sie den Lernverlauf über Irritationen und Staunen sowie Formen eines Differenzerfahrungen reflektierenden Lehrens und Lernens kultivieren.

2) Sinn und Ertrag so konzipierter Lehr-Lernprozesse liegen nicht in der wirklichen oder vermeintlichen Lösung von Anwendungsaufgaben, sondern in Erkenntnissen, die mehrperspektivisch ausgerichtet sind und zu Ausgangspunkten für erneutes Nachdenken und Weiterlernen werden können.

3) Ein an solchen Aufgaben sich ausrichtender Unterricht wird nicht kurzfristige Lösungen auf vorgegebene Fragen einholen, sondern Lehr-Lernprozesse dadurch nachhaltig zu beeinflussen suchen, dass er oft mehrere Unterrichtsstunden umfassende Prozesse des Erkundens und Beobachtens, Wahrnehmens und hypothetischen Denkens sowie Annahmen analysierenden und prüfenden Urteilens in Gang setzt.

4) Zu diesem Zweck muss Unterricht immer auch in den Blick bringen, dass so genannte Anwendungsprobleme im konkreten Handeln in der Regel nicht unmittelbar nach Maßgabe disziplinär ausdifferenzierter Logiken wie z.B. derjenigen der Mathematik zu lösen sind, sondern sich auf Problemkonstellationen beziehen, die im Spannungsfeld ökonomischer, pädagogischer, ethischer, politischer, ästhetischer und religiöser Praktiken stehen.

Testaufgaben sind dagegen, wie man von Olaf Köller und der Arbeit des IQB lernen kann, so zu konstruieren, dass sie

1) in knapp bemessener Zeit für Weiterlernen bedeutsame basale Wissensstrukturen und Kompetenzen korrekt erfassen,
2) hierbei zwischen domänenspezifischen und übergreifenden Strukturen sachrichtig unterscheiden,
3) zu einer Evaluation vorausgegangener Lehr-Lernprozesse beitragen und
4) Anregungen für neue didaktische und methodische Arrangements geben.

Fruchtbare Wechselwirkungen zwischen didaktischen Aufgaben und Testaufgaben kommen z.B. dann zustande, wenn

1) Testaufgaben so formuliert werden, dass sie mit einem entsprechend ausgewiesenen didaktischen Horizont abgestimmt sind, der Einfluss darauf nimmt, was getestet werden soll,
2) Testergebnisse genutzt werden, um den angemessenen Schwierigkeitsgrad didaktischer Aufgaben zu bestimmen und zu überprüfen,
3) die in Tests gemessenen Niveaus und Kompetenzstufen domänenspezifisch mit didaktischen Erfordernissen eines bildungstheoretisch legitimierten Unterrichts abgestimmt werden und
4) die Gefahr, Unterricht und Evaluation allein aufgabenorientiert zu konzipieren, durch den Einbezug von offenen Deutungsfragen und Partizipationsaufgaben begrenzt wird.

4   Zur Bedeutung der Trias Unterricht – Wissen – Kompetenz für den Ausweis von Deutungs- und Partizipationskompetenzen als Basiskompetenzen einer schulisch zu vermittelnden religiösen Grundbildung

Was in einem erziehungswissenschaftlich ausgewiesenen, pädagogisch und didaktisch sinnvollen Sinne unter einer angemessenen Wissens- und Kompetenzorientierung von Schule und Unterricht zu verstehen ist, lässt sich erst zeigen, wenn man dem gegenwärtig weit verbreiteten inflationären Gerede über Kompetenzen und deren Förderung durch Unterricht Einhalt gebietet.

Die in Weiterbildungsprogrammen zu findenden Unterscheidungen grenzen Personen-, Sach-, Methoden- und Sozialkompetenzen oft so voneinander ab, dass mit diesen Wechselwirkungen zwischen selbst- und weltbildenden Momenten in Bildungsprozessen nicht mehr erfassen können. Statt personalen und sozialen

Kompetenzen Sach- und Methodenkompetenzen gegenüberzustellen, als wenn sich erste auf die Lernenden und letztere auf zu Lernendes bezögen, und statt von Sozialkompetenz ohne Bezug zu personaler Kompetenz und von Methodenkompetenzen losgelöst von Sachkompetenzen zu reden, käme es darauf an, die mit solchem Kompetenzgerede eingeleitete Deprofessionalisierung von Lehrerinnen und Lehrern zu beenden. Didaktischen Konzepten und Fragestellungen gilt es wieder eine aus Outputmessungen nicht abzuleitende eigene Dignität zuzuerkennen, die empirisch überprüfbar gemacht und an Lernleistungen von Schülerinnen und Schülern evaluieren werden muss.

Unterricht, Wissen und Kompetenz bilden eine Trias, dessen Eckpunkte für die in Schulen institutionalisierte Erziehung und Unterweisung unverzichtbar und irreduzibel sind. Die Trias von Unterricht, Wissen und Kompetenz darf nicht zugunsten einer Kompetenzorientierung aufgegeben werden, die nicht mehr über eine Wissensorientierung des Unterrichts vermittelt ist. Durch Unterricht zu fördernde Wissensformen und über unterrichtliche Lehr-Lern-Prozesse vermittelte Kompetenzen unterscheiden sich von einem im Erfahrungslernen erworbenen Wissen und Können dadurch, dass sie in keiner Einheit von Leben und Lernen zu verordnen sind, sondern erfahrungs- und umgangserweiternd konzipiert werden. Zu den Erfahrungs- und Umgangsformen in der Entwicklung und Bildung der Sinne, im Erlernen der Muttersprache und in der Eingewöhnung in eine bestehende Sitte treten im schulischen Unterricht künstlich arrangierte Denk- und Urteilsprozesse hinzu, die auf Differenzerfahrungen und Übergänge zwischen außerschulischen Erfahrungen und Lernprozessen in innerschulische und umgekehrt bezogen sind. So wird im Unterricht der mündliche Sprachgebrauch durch die Aneignung der Schriftsprache und die Muttersprache durch die Fremdsprache erweitert. Vergleichbares gilt für die Erweiterung der Erinnerung durch Geschichte, den Übergang vom Zählen und Zeichnen zu Algebra und Geometrie oder für Prozesse der Erweiterung der alltäglich praktizierten Bewegungen zu leiblich entworfenen und reflektierten Körperbewegungen in Tanz und darstellendem Spiel. Stets wird eine an Wissen zurückgebundene Urteils- und Deutungskompetenz angestrebt, die ihren Sinn nicht in sich selbst hat sondern in außerunterrichtlichen Kontexten, an denen Heranwachsende mit ihrem im Unterricht erworbenen Wissen partizipieren und in denen sie selbstständig handeln.

Der heutige Religionsunterricht lässt sich bruchlos in solche Zusammenhänge einordnen. Er kann immer weniger unmittelbar an außerschulisch erworbene religiöse Erfahrungen und im Zusammenleben der Menschen praktizierte Formen von Religion anknüpfen und muss immer mehr solche Erfahrungen künstlich mit Mitteln schulischer Erziehung und Unterweisung anbahnen und ermöglichen, um diese anschließend zu erweitern, zu bearbeiten und zu reflektieren. Der Religionsunterricht kann hierin durchaus mit dem Schwimmunterricht und dem Fremdsprachenunterricht verglichen werden, die ja auch nicht unmittelbar in der elterlichen Badewanne und Wohnung stattfinden und sich auf Kompetenzen beziehen, die nicht beim Fernsehen von selbst entstehen, sondern auf künstliche, schulische Vermittlungen und Anstrengungen angewiesen sind.

Für schulische Lehr-Lernprozesse gilt, dass sie auf die Vermittlung eines im Unterricht zu erwerbenden Wissens und auf die Aneignung von Kompetenzen ausgerichtet sind, die ohne den Umweg über den Unterricht nicht zustande kommen könnten, ihr Bewährungsfeld aber nicht schon im Unterricht, sondern in außerschulischen Lebens- und Handlungssituationen haben. Im Lichte dieser und weiterer hier nicht zur Sprache gebrachter Überlegungen scheinen mir Urteils- und Deutungskompetenz auf der einen und Partizipations- und Handlungskompetenz auf der anderen Seite die beiden Kompetenzen zu sein, die zur Grundbildung gehören und die es domänenspezifisch auszulegen gilt. Entsprechende Auslegungen müssen so konzipiert werden, dass sie in allgemeine und öffentlich zu gebrauchende Urteilsformen einführen, die sich sowohl an bereichsspezifischen als auch an öffentlichen Aufgaben bewähren können.

Für die Arbeit an einem bildungstheoretisch und theologisch sowie didaktisch und empirisch ausgewiesenen und Begriff religiöser Kompetenz bedeutet dies,

- dass religiöse Urteils- oder Deutungskompetenz sich erstens auf Rituale, heilige Texte und Praktiken aus der Bezugsreligion des Unterrichts, zweitens auf solche aus anderen Religionen und drittens auf das Zusammentreffen religiöser mit nicht religiösen Deutungsmustern im öffentlichen Raum bezieht,
- und dass sich religiöse Partizipations- oder Handlungskompetenz einmal auf das Partizipieren und Handeln in der Bezugsreligion, dann im interreligiösen Raum und schließlich im öffentlichen Raum bezieht, in dem religiöse Deutungs- und Handlungsmuster mit anderen konkurrieren und konfligieren.

Religiöse Deutungskompetenz definiert das hier vorgestellte Projekt in Anlehnung an Schleiermachers „Reden über Religion an die Gebildeten unter ihren Verächtern" als eine Kompetenz, deren Aneignung über die Entwicklung eines „Gefühl[s] der schlechthinnigen Abhängigkeit" vermittelt ist, ein Gefühl, das sich nach der Theologie des späten Schleiermacher als Gefühl der Abhängigkeit von Gott interpretieren lässt, auf welches göttliche Offenbarungen antworten.[7] In Schleiermachers Begriff der Religion erkennt das Projekt einen Ansatz, der es erlaubt, das Religiöse von allen nicht-religiösen Tatbeständen zu unterscheiden und in verschiedenen Religionen aufzusuchen.

---

7   Vgl. Ch. Ehrhardt, Religion, Bildung und Erziehung bei Schleiermacher, Göttingen 2005.

Religiöse Partizipationskompetenz wird in dem Projekt, wiederum in Anlehnung an Schleiermachers Reden, ganz im Sinne der in diesen aufgestellten Maxime: „Tue alles mit, nichts aus Religion" gefasst. In ihr ist ein Begriff religiöser Partizipation angesprochen, der religiöse Praxis nicht auf die Innenbezirke religiöser Gemeinschaften konzentriert, sondern sowohl als besondere Praxis zu fassen erlaubt, an der auch andere Handlungsbereiche wie Moral, Erziehung und Politik teilhaben können, als auch Formen des Religiösen kennt, in denen dieses als Moment anderer Handlungsformen auftritt.

Didaktische Konzepte und Aufgaben, die diesen Perspektiven Rechnung tragen, und Testaufgaben, welche die im Religionsunterricht erworbenen Kompetenzen an ihnen überprüfen, gibt es vor allem für den Bereich von Deutungen und Partizipationen in den Bezugsreligionen des öffentlichen Religionsunterrichts und ansatzweise auch für den interreligiösen Bereich. Aufgaben und Konzepte, die sich auf öffentliche Diskurse im Spannungsfeld von pädagogischen, ethischen, ökonomischen, politischen, ästhetischen und religiösen Deutungsmustern und Handlungsfeldern beziehen, stellen dagegen noch weitgehend ein Desiderat dar.

Solche Aufgaben zu entwickeln, ist für den Religionsunterricht ebenso schwierig wie für den Mathematikunterricht, dessen Anwendungsaufgaben überall dort, wo sie Fragen von öffentlichem Interesse betreffen, nicht nur auf mathematische, sondern auch auf übermathematische, z.B. ökonomische, moralische, politische und andere Sachverhalte bezogen sind. An Aufgaben, die das Religiöse als schlechthinnige Abhängigkeit des Menschen vom Absoluten und religiöse Praxis im engen und weiten Sinne als ein Handeln mit, nicht aus Religion ausweisen, zu arbeiten und sie gemeinsam mit Religionslehrerinnen und -lehrern zu erproben, ist das Hauptanliegen des eingangs erwähnten Forschungsvorhabens. Von ihm soll abschließend kurz die Rede sein.

5   Das Gleichnis von den Arbeitern im Weinberg (Matthäus 20, 1-16). Ein Beispiel aus dem Projekt RU-Bi-Qua

Unsere Vorgehensweise bei der Konstruktion von Testaufgaben zur Ermittlung religiöser Kompetenzstufen in den beiden Teilkompetenzen religiöse Deutungskompetenz und religiöse Partizipationskompetenz und deren Bereichen christliche Religion, andere Religionen, Religion im öffentlichen Raum lässt sich idealtypisch so beschreiben:

1) Ausgangspunkt bei der Entwicklung von Aufgaben ist stets ein didaktischer Horizont, der einen religiös bedeutsamen Sachverhalt aus der Bezugsreligion,

im Schnittpunkt verschiedener Religionen oder im Medium öffentlicher Diskurse zur unterrichtlichen Vermittlung aufgibt.

Die Aufgaben reichen von der Interpretation einer Todesanzeige über die Deutung eines biblischen Textes bis hin zur Fragen der interreligiösen Kommunikation über christliche und außerchristliche Sachverhalte und Themen. Zu solchen Aufgaben wird zunächst eine anspruchsvolle Frage entwickelt, die Schülerinnen und Schülern zur freien Beantwortung vorgelegt werden, damit in einem ersten Schritt herausgefunden werden kann, ob sich die gewählte Thematik und die ausformulierte Frage überhaupt im Horizont von Heranwachsenden und des Unterrichts bewegt, den diese genossen haben. Ist dies nicht der Fall oder war die Aufgabe zu leicht oder zu schwer, müssen die Fragen und die Aufgaben verändert werden, bis ausreichend interessante Schülerantworten zustande kommen.

2) In einem zweiten Schritt wird mit Religionslehrern darüber gesprochen, ob die so gefundenen Aufgaben für sie diskutabel und bedeutsam sind. Die Lehrer bringen dabei weitere Vorschläge und Beispiele von didaktischen Aufgaben in die Diskussion ein, mit denen anschließend wie in Schritt (1) angegeben verfahren wird.

3) In einem dritten Schritt werden aus den freien Schülerantworten Testfragen entwickelt, die die SchülerInnen in der Regel dazu auffordern, zwischen verschiedenen, auf den ersten Blick plausibel erscheinen Antworten die richtige auszuwählen. Diese Aufgaben werden mehrfachen Pretests und Optimierungen unterzogen.

4) In einem vierten Schritt werden Testhefte zusammengestellt, die dann breiter eingesetzt und daraufhin geprüft werden, ob sie zu validen Ergebnissen führen.

5) Parallel zu den Schritten 3-4 werden die Schwierigkeitsgrade der Aufgaben empirisch mit Hilfe der Raschskala gemessen und berechnet sowie nach steigender Schwierigkeit geordnet. Auf der Grundlage der so gewonnenen Ergebnisse kann anschließend eine Stufenordnung der Schwierigkeitsgrade der Aufgaben ermittelt werden.

6) In einem sechsten Schritt werden die nach Schwierigkeiten geordneten Fragen einer Inhaltsanalyse unterzogen. Diese führt zur Abgrenzung von Kompetenzstufen, die Auskunft darüber geben, über welche Levels sich religiöse Deutungs- und Partizipationskompetenzen entwickeln und welche Relationen zwischen diesen und anderen Kompetenzen wie z.B. der in PISA gemessenen Lesekompetenz nachweisbar sind.

7) Angesichts des erreichten Stands der Arbeit wird davon ausgegangen, dass es gelingt, ein Kompetenzmodell für religiöse Grundbildung zu erarbeiten und einen Aufgabenpool zusammenzustellen, der hilfreich ist, um domänenspezifi-

sche Leistungen von Religionsunterricht zu überprüfen und mit solchen anderen Fächer aus dem moralisch-evaluativen Bereich zu vergleichen.

Ziel ist es, am Ende ein Testinstrument für die Qualitätssicherung von Religionsunterricht vorzulegen, das nicht dogmatisch Standards setzt, sondern eine Entwicklungsspirale von didaktischen Aufgaben, Testaufgaben sowie bildungstheoretischen und religionspädagogischen Diskursen in Gang hält, welche die mit der Entwicklung des Instrumentariums einhergehende Standardisierung ihrerseits einer Überprüfung zuführt und der Steigerung der Unterrichts- und Lehrkompetenz von Lehrerinnen und Lehren dient.

Abschließend sollen nicht die einzelnen Schritte, sondern der mögliche Ertrag dieser Vorgehensweise am Beispiel des Gleichnisses von den Arbeitern im Weinberg (Matthäus 20, 1-16) erläutert werden, das sich bei den bisherigen Versuchen, religiöse Deutungskompetenz zu definieren, als besonders anspruchsvoll erwiesen hat.

Zur Kontrastierung der im Projekt konstruierten Testaufgaben für die Ermittlung religiöser Deutungskompetenz sei aus der Aufzeichnung eines Religionsunterrichts zitiert, der am 08.11.1988 in der 6. Klasse eines Berliner Gymnasiums stattfand. Die Aufzeichnung zeigt, dass der ihr zugrunde liegende Unterricht nicht von dem Text bei Matthäus 20 ausging, sondern von einem Hörspiel, welches das Weinberggleichnis aus gewerkschaftlicher Sicht präsentiert. In ihm äußern am Ende Arbeiter erfreut Meinungen über das Gleichnis wie diese:

> „‚Donnerwetter, den vollen Lohn!‘ ‚Das hätte ich nicht gedacht.‘, ‚Das nenne ich großzügig!‘, ‚Das lob‘ ich mir!‘ ‚So einen Chef hab ich noch nie gehabt.‘“ Bei der Aussprache über den Hörspielauszug artikulieren die Schülerinnen und Schüler unterschiedliche Meinungen. Die Lehrerin beendet die Aussprache mit der Hausaufgabe: „Findet eine neue Regel für gerechten Lohn!“[8]

Die hier nur sehr verkürzt wiedergegebene Thematisierung aus dem Jahre 1988 spricht eine wichtige Frage an, die sich nicht erst heute im öffentlichen Raum mit dem Gleichnis von den Arbeitern im Weinberg verbindet. Es ist nicht bekannt, wie die Gerechtigkeitsthematik in den folgenden Unterrichtsstunden weiter behandelt wurde, welche Rolle dabei die im Gleichnis angesprochene Unterscheidung zwischen dem Himmelreich als der Welt Gottes von der Welt der Menschen spielte und ob dabei die Frage erörtert wurde, wie sich die religiöse Welt des Himmel-

---

8   Das Beispiel findet sich in P01, 08.11.1988, Klasse 6, Gymnasium, evangelisch, Lehrerin, in: Dokumentation. Fallanalysen, Unterrichtsprotokolle und Bilder zu dem Band von D. Fischer, V. Elsenbast, A. Schöll (Hg.), Religionsunterricht erforschen. Beiträge zur empirischen Erkundung von religionskundlicher Praxis, Münster/New York/München/Berlin 2003 (CD-ROM).

reichs zu den Welten der Menschen, der moralischen und der ökonomischen zum Beispiel, verhalten kann.

Auf solche Themen und Sachverhalte gehen die im vorgestellten Projekt aus einer didaktischen Aufgabenstellung gewonnenen und vermittelt über Schülerantworten und Gespräche mit Religionslehrern vermittelten sowie über verschiedene Pretests präzisierten Aufgaben ein (siehe Anhang). Sie fragen nach dem „Verhältnis zwischen Lohn und Arbeit", das im Gleichnis als üblich vorausgesetzt wird, unterscheiden zwischen den Gerechtigkeitsvorstellungen des Herrn des Weinbergs und der protestierenden Arbeiter und thematisieren die Frage nach dem „Reich Gottes". Sie sehen in den Himmelsreichsgleichnissen ein Feld, in dem das Religiöse im Christentum sich als Abhängigkeit von Gott so manifestiert, dass religiöse Praxis als eigene Praxisform auftritt, die zu allen anderen, ohne mit diesen identisch zu werden, Beziehungen unterhält.

Das Spektrum von Aufgaben in der beschriebenen Art und Weise zu erweitern, ist eine reizvolle Perspektive, die weit über das vorgestellte Projekt hinausweist und dieses anschlussfähig an viele Bestrebungen im Bereich der Religionspädagogik und -didaktik macht.[9] Nicht in den Fragestellungen, wohl aber in der Zusammenarbeit von Allgemeinen Erziehungswissenschaftlern, Empirischen Bildungsforschern, Theologen und Religionslehrern liegt die Originalität unseres Projekts.

Mit der Konstruktion von Aufgaben und der Entwicklung eines Testhefts zur Erfassung religiöser Deutungskompetenz liegen erste Ergebnisse vor, über die inzwischen detailliert berichtet wurde.[10] Die Konstruktion von Aufgaben zur Partizipationskompetenz befindet sich erst in den Anfängen. Partizipationsaufgaben haben eine andere Form. Sie legen den Schülerinnen und Schülern ein Problem zu Bearbeitung vor, das es nicht nur urteilend und deutend zu klären, sondern nach erfolgter Klärung auch praktisch in konkreten Schritten anzugehen gilt. Die

---

9   Zur Diskussion über religiöse Kompetenzen siehe D. Fischer, V. Elsenbast, Grundlegende Kompetenzen religiöser Bildung. Zur Entwicklung des evangelischen Religionsunterrichts durch Bildungsstandards für den Abschluss der Sekundarstufe I, Münster 2007; wichtige Hinweise Sachverhalte religiöser Deutungs- sowie Partizipations- und Handlungskompetenz finden sich in L. Kuld, B. Schmid, Lernen aus Widersprüchen. Dilemmageschichten im Religionsunterricht, Donauwörth 2001 und F. Schweitzer, A. Biesinger, Gemeinsamkeiten stärken – Unterschieden gerecht werden. Erfahrungen und Perspektiven zum konfessionellkooperativen Religionsunterricht, Freiburg 2002, systematische Hinweise zu Diskursen über die Bedeutung der Religion für Bildung und Erziehung in: H.-G. Ziebertz, G. R. Schmidt (Hg.), Religion in der Allgemeinen Pädagogik. Von der Religion als Grundlegung bis zu ihrer Bestreitung, Freiburg 2006.

10 Siehe hierzu D. Benner, S. Krause, R. Nikolova, T. Pilger, H. Schluß, R. Schieder, T. Weiß, J. Willems, Ein Modell domänenspezifischer religiöser Kompetenz, A.a.O.; R. Nikolova, H. Schluß, T. Weiß, J. Willems (2007), Das Berliner Modell religiöser Kompetenz Fachspezifisch – Testbar – Anschlussfähig, in: Theo-Web H. 2.

an den Barbara-Schadeberg-Vorlesungen teilnehmenden Lehrerinnen und Lehrer sind herzlich dazu eingeladen, an der Entwicklung weiterer Deutungsaufgaben und an der Konstruktion und Erprobung von Partizipationsaufgaben mitzuarbeiten.[11]

5.1 Fragen zum Gleichnis von den Arbeitern im Weinberg (Matthäus 20, 1-16)

1. Welches Verhältnis zwischen Lohn und Arbeit setzt das Gleichnis als üblich voraus?

A ☐ Wer den ganzen Tag arbeitet, leistet nicht mehr, als wer kürzere Zeit arbeitet, und verdient daher auch keinen höheren Tageslohn.

B ☐ Es gibt bei Tagelöhnern eine feste Beziehung zwischen Arbeitszeit und Lohn.

C ☐ Menschen, die weniger arbeiten, leisten mehr als Menschen, die länger arbeiten, und verdienen daher einen höheren Lohn.

D ☐ Menschen, die kürzer arbeiten, leisten genau so viel wie Menschen, die länger arbeiten.

2. Was sagt der Text über die Gerechtigkeitsauffassung des Hausherrn aus?

A ☐ Der Hausherr ist ungerecht, weil er jedem den gleichen Lohn zahlt.

B ☐ Der Hausherr behandelt die Tagelöhner willkürlich, weil er ihnen einen unterschiedlichen Lohn pro Stunde zahlt.

C ☐ Der Hausherr ist gerecht, weil er allen den gleichen Stundenlohn zahlt.

D ☐ Der Hausherr behandelt alle Tagelöhner gerecht, weil jeder von ihnen den Lohn eines Tages braucht, um seine Familie zu ernäh-

---

11 Das Projekt wurde von der DFG inzwischen für eine zweite Arbeitsphase verlängert und wird nun unter dem Namen KERK (Konstruktion und Erhebung von Religiösen Kompetenzniveaus im Religionsunterricht am Beispiel des Evangelischen Religionsunterrichts) fortgeführt.

**3.   Was sagen die Arbeiter, die länger gearbeitet haben, über die Gerech-
tigkeitsauffassung des Hausherrn?**

A   ☐   Der Hausherr ist ungerecht, weil sie den ganzen Tag arbeiten
          mussten.

B   ☐   Der Hausherr ist ungerecht, weil er allen denselben Stundenlohn
          bezahlt.

C   ☐   Der Hausherr ist ungerecht, weil er allen denselben Tageslohn
          zahlt.

D   ☐   Der Hausherr ist ungerecht, weil er nicht denselben Tageslohn
          zahlt.

4.   Was sagt der Text über das Reich Gottes aus?

A   ☐   In das Reich Gottes kommt nur, wer viel arbeitet.

B   ☐   In das Reich Gottes kommt nur, wer zum rechten Zeitpunkt mit
          der Arbeit beginnt.

C   ☐   Wer für wenig Arbeit genau so viel bekommt wie andere für viel
          Arbeit, ist im Reich Gottes.

D   ☐   Das Reich Gottes kann man sich nicht erarbeiten.

„Wie viel Religion braucht die Bildung?"

Henning Schluß

Religious literacy wird im Folgenden verstanden als religiöse Kompetenz. Zur Entwicklung von Kompetenz als einem fachbezogenen Können gehört mindestens zweierlei, zum Einen fachbezogenes Wissen und zum Anderen Erfahrungen mit dem jeweiligen Gegenstand der angezielten Kompetenz. Deshalb gliedert sich der Text in drei Teile. In einem ersten einleitenden Teil soll die Notwendigkeit religiöser Bildung an einem Beispiel expliziert werden. In einem zweiten Teil wird der Bedeutung religiösen Wissens, im dritten der Bedeutung der religiösen Erfahrung für die religiöse Kompetenz nachgegangen.

1   Einleitung

Die Frage des Titels: „Wie viel Religion braucht die Bildung?" macht eine Voraussetzung, die man keineswegs teilen muss. Gehört zur allgemeinen Bildung tatsächlich etwas wie religiöse Bildung? Um diese Voraussetzung nachvollziehbar zu machen, sei zu Beginn ein Stück aus einem Film zitiert, der 2006 mit beachtlichem Erfolg auf der Berlinale lief: „jeder schweigt von etwas anderem", ein Film von Marc Bauder und Dörte Franke.[1] Als Dokumentarfilm kann er so etwas darstellen wie ein Gegengewicht zum mit dem Oscar ausgezeichneten „Das Leben der Anderen", denn hier geht es um das Leben dreier Opfer des DDR-Systems, die nach Verbüßung eines Großteils ihrer Haftstrafen von der Bundesrepublik freigekauft wurden. Das zentrale Thema des Films ist die Kommunikation oder Nicht-Kommunikation über diese Erfahrungen zwischen den unterschiedlichen Generationen der betroffenen Familien. Eine dieser Familien sind die Storcks. Matthias Storck war zur Zeit seiner Verhaftung Theologiestudent, heute ist er Pfarrer in Westfalen. In der zitierten Szene spricht er über ein zentrales Erlebnis seiner Haftzeit. An diesem Filmausschnitt soll sodann die Eingangsthese geprüft werden, dass

---

1   Die DVD des Films ist im Mai 2007 bei www.gmfilms.de erschienen. Sie ist mit didaktischem Begleit- und Hintergrundmaterial für den Unterricht versehen. Länge des Videoausschnitts: Min: 00:32:26 – 00:35:15.

man diese Szene aus einem aktuellen Dokumentarfilm zur jüngsten deutschen Geschichte ohne religiöse Bildung nicht verstehen kann:

> „Jedes Mal, wenn ich den Talar hier aufhänge, dann lese ich, dass er viel ausgehal-
> ten hat, mehr als die anderen Gewänder dieser Art. Denn da steht der Name meines
> Vaters eingestickt. Da steckt drin Versöhnung, da steckt drin Vater – Sohn, alles
> verbindet sich hier mit diesen Initialen. Und diese wunderbare Geschichte, im Knast
> in der Kissingstraße. Da wurde ich in einen kleinen Raum geführt, da saßen zwei
> Bewacher und an einem Schreibtisch saß der Vernehmer, der stand wie so ein „T“,
> der Schreibtisch. Und da waren an der Längsseite des Ts zwei Stühle gegenüber ge-
> stellt. Ich nahm auf dem einen Stuhl Platz und dann ging die Tür auf und mein Vater
> kam rein und das war nun nach Monaten das erste Mal, dass ich einem Menschen
> begegnete, der nicht ein Bewacher war. Naja und dann nahm mein Vater, nachdem
> das Gespräch so dem Ende zu ging und ich noch mal nach dem Abendmahl gefragt
> hatte, eines von den Kuchenstücken und sprach über dem Kuchen die Einsetzungs-
> worte zum Abendmahl: Das ist mein Leib, der für euch gegeben ist. Und danach
> nahm er die Kaffeetasse und sprach über dem, was über dem Kelch gesprochen
> wird: Mein Blut für euch vergossen, zur Vergebung der Sünden. Und ich dachte ich
> falle um, das war so ein unglaublich angefüllter Moment. Ja, und dann haben wir ein
> Vaterunser gesprochen und diese Wächter wussten gar nicht was sie machen sollten,
> die saßen da und wussten nicht, ob sie jetzt auch die Hände falten mussten, oder was
> sie tun sollten. Die waren absolut hilflos in dieser Situation. Und der Vernehmer
> hielt die Schnauze aus Höflichkeit und wahrscheinlich weil er begriffen hat, dass es
> da jetzt keinen Sinn hat was zu tun. Und dann wurde mein Vater wieder weg geholt
> und ich in meine Zelle geführt. Ja und von dieser Geschichte habe ich dann lange
> gelebt ohne zu dürsten oder ohne hungrig zu sein.“[2]

Inwiefern kann dieser Filmausschnitt relevant für die Frage nach der allgemeinen
Notwendigkeit religiöser Bildung sein? Die Beantwortung dieser Frage soll vorerst
auf die Ebene der Kenntnisse bezogen sein. Damit wird freilich eine Differenz
vorausgesetzt, die in der Religionspädagogik[3] aber auch in der Bildungspolitik
immer wieder diskutiert wird, die Differenz zwischen Kenntnissen und Erfahrungen. Relativ unstrittig ist dabei, dass die Schule die Aufgabe hat, Kenntnisse zu
vermitteln. Ob sich die Aufgabe der Schule darin erschöpft, ist dagegen umstritten.

---

2   Vgl. Matthias Storck, Du bereitest vor mir einen Tisch., in: ders., Karierte Wolken – Lebens-
    beschreibungen eines Freigekauften., Moers 4. Aufl. 1997, 65-67.
3   In der Religionspädagogik schlägt sich diese Auseinandersetzung derzeit vor allem in der
    Debatte um den sogenannten „performativen Religionsunterricht“ nieder.

2 Zur Bedeutung des Wissens für die religiöse Grundbildung

Für den Zusammenhang einer schulisch vermittelten religiösen Grundbildung, der hier zu erörtern ist, soll auf diese Differenz später noch einmal ausführlich eingegangen werden. Vorläufig sei der Konsens Grundlage der Argumentation, dass Kenntnisse zu vermitteln zum unterrichtlichen Auftrag gehört, selbst im Bereich der Religion.

Die zu prüfende Eingangsbehauptung besagte, dass bei fehlenden religionskundlichen Kenntnissen die zitierte Szene nicht angemessen verstanden werden kann. Wer nicht weiß, was das Abendmahl ist, dass es keine ganz normale Mahlzeit ist, sondern eine rituelle Handlung, dass es normalerweise nicht mit Kaffee und Kuchen, sondern mit Brot und Wein[4] verspeist, oder, wie der angemessene Ausdruck wäre, den man auch kennen muss, „gefeiert" wird, dem fehlen alle Grundlagen, um diese Szene überhaupt verstehen zu können. Die Differenz des Abbilds vom Vorbild – und eben darin liegt ein großer Teil des spezifischen Charmes dieses Berichts – kann man eben erst dann erkennen, wenn man nicht nur das Abbild, sondern zuvor auch das Original kennt. Es ist wie bei einem dieser Vergleichsbilder, bei dem man erkennen soll, worin sich die beiden Bilder unterscheiden. Wenn man das Original nicht kennt, kann man die Differenzen nicht erkennen.

Eine solche Unkenntnis auf einem Gebiet, kann nicht durch noch so gute Kenntnis auf einem anderen Gebiet ausgeglichen werden. Um die Szene mit dem Abendmahl im Gefängnis verstehen zu können, nutzt es nichts, wenn man andere Kenntnisse und Erfahrungen im Übermaß mitbringt, also z.B. genau weiß, wie es in der U-Haft aussieht, weil man das entweder aus dem Fernsehen kennt, oder selbst dort eingesessen hat oder Professorin für Strafrecht ist. Es spricht nach wie vor vieles für eine Bildung, die, wie Wilhelm von Humboldt in Friedrich Schillers Zeitschrift Neue Thalia 1792 beschrieb, „die höchste und proportionierlichste Bildung seiner Kräfte zu einem Ganzen" zum Gegenstand hat.[5] Ergänzt werden kann „auch unter Einschluss der Religion".

---

4 Die Variante, dass das Abendmahl auch mit Saft vollzogen werden kann, sei hierbei noch ganz ausgeklammert.
5 Wilhelm von Humboldt: Wie weit darf sich die Sorgfalt des Staats um das Wohl seiner Bürger erstrecken?, GS 1, 1792, 106.

2.1 Die Gefahr fehlender religiöser Bildung

Michael Meyer-Blanck stimmt dem bei und fügt noch etwas hinzu: „Bildung ohne Religion ist unvollständig und Religion ohne Bildung ist gefährlich."[6] Dieses Bonmot spielt darauf an, dass aufgeklärte Religionen vermeintlich weniger zu Fundamentalismus neigen als solche, die sich der aufklärerischen Bildung enthalten. Man kann dieses Bonmot auch umkehren: „Religion ohne Bildung ist unvollständig, Bildung ohne Religion ist ebenso gefährlich". Wieso ist eine fehlende religiöse Bildung aber gefährlich?

Die Meinung ist durchaus verbreitet, dass religiöse Bildung ein Luxusproblem sei. Die „höchste und proportionierlichste Bildung seiner Kräfte zu einem Ganzen" sei bestenfalls ein Leitsatz der Gymnasien und Universitäten, die dann nicht selten Humboldt-Gymnasien oder Humboldt-Universität heißen, aber doch mit dem wirklichen Leben der Jugendlichen, und in besonderer Weise dem Leben der Jugendlichen in Berlin-Brandenburg, nichts zu tun hätten. Erst recht, wenn dies Heranwachsen in Neukölln (ehem. Berlin West) oder Lichtenberg (ehem. Berlin Ost) auf einer Hauptschule stattfindet.

Eine genauere Kenntnis des Jugendlebens in den multikulturellen Quartieren deutscher Großstädte widerspricht diesem Eindruck jedoch. Gerade in Stadtteilen wie Berlin-Neukölln ist wenig für einen Hauptschüler so nötig, wie religiöse Kompetenz, um im Alltag zurechtzukommen, manchmal sogar, um zu überleben.[7] Fehlende religiöse Bildung kann also lebensgefährlich sein.[8] Am meisten im Licht der Öffentlichkeit stehen diesbezüglich Themen wie die „Kopftuchfrage", „Ehrenmorde", „Fundamentalismus", „Märtyrer", etc. Gegen das Verhandeln dieser Themen unter dem Stichwort religiöser Grundbildung wird man einwenden können, dass diese gar nichts mit Religion zu tun hätten. Aber eben deshalb tut religiöse Aufklärung Not, um zu wissen, welche Handlungen sich eben nicht religiös begründen lassen. Deshalb muss von religiöser Bildung an der öffentlichen Schule erwartet werden, dass sie *Selbstaufklärung* ihrer Religion betreibt.

Diese Erwartung gilt für jede Religion – auch für die Christliche und nicht nur für deren Verfehlungen während der Kreuzzüge. Aber sie gilt auch für den Islam und dies ist auch ein Grund, aus dem nicht nur die Kirchen sich für einen islami-

---

6   Michael Meyer-Blanck, Tradition – Integration – Qualifikation. Die bildende Aufgabe des Religionsunterrichts an Europas Schulen, in: EvTh 4/2003, 280.

7   Eine Ahnung davon vermittelt der Film: „Knallhart" von Detlef Buck, der eine Jugendgeschichte aus Berlin Neukölln erzählt und im Nov. 2006 bei der ufa als DVD erschienen ist.

8   Manchmal ist fehlende religiöse Bildung allerdings auch nur peinlich. So ging z.B. ein führender SPD-Politiker Berlins, Peter Strieder, zur Beerdigung Heinz Galinskys, mit einem Basekap auf dem Kopf.

schen Religionsunterricht an öffentlichen Schulen einsetzen. Ein großer Teil des Fundamentalismus ist der Unkenntnis dessen geschuldet, was für die eigene Religion gehalten wird.

Interessant ist dabei, dass der antifundamentalistische Effekt religiöser Bildung noch vor der Religionskritik beginnt. Selbst eine affirmative religiöse Bildung kann über manche gewalttätigen Missbräuche von Religion aufklären. So besteht ein weitgehender Konsens unter muslimischen Rechtsgelehrten darin, dass der Koran Selbstmord verbietet und keineswegs als probates Mittel zum Eingang ins Paradies anpreisen würde. Eine religiöse Bildung an der öffentlichen Schule muss allerdings über solche Positionen noch hinausgehen, indem sie auch Fragen der Religionskritik mit behandelt. Die Frage nach der Entstehung des Korans darf dabei sowenig tabuisiert werden, wie die Frage nach der Entstehung der Bibel. Fundamentalistische Antworten auf diese Fragen sollen nicht ausgeklammert werden, zumal sie im Alltag der Religionen immer präsent sind, sondern müssen in einen pluralen Diskurs von Antworten einbezogen werden und kritisch reflektiert werden können.

2.2 Befähigung zum interreligiösen Dialog

Mindestens so wichtig wie die religiöse Selbstaufklärung ist jedoch die Einübung einer Verständigung zwischen verschiedenen Religionen. Über mathematische Themen, über Probleme der Geographie und der Politik lernen die SchülerInnen miteinander zu sprechen, aber Probleme der Religion werden in Deutschland entweder in verschiedenen Fächern oder vielerorts überhaupt nicht an der Schule thematisiert. So wird Religion als exklusives Moment etabliert. Es schließt im wahrsten Sinne des Wortes andere aus. Gerade im Blick auf Berlin-Neukölln, aber keineswegs nur dort ist es dagegen entscheidend, dass nicht ein religiöser Blick eingeübt wird, der den anderen vor allem als „nichtzugehörig" wahrnimmt. Bislang liegt es im Gutdünken der Religionsgemeinschaften die Religionsunterricht anbieten, inwiefern sie *über* die anderen informieren. Die Perspektive des *mit* anderen kommt dagegen viel seltener in den Blick! Gerade dies ist jedoch für das multireligiöse Zusammenleben wichtig.

An dieser Stelle lohnt ein fragender Blick auf den Lehrplan des neu eingeführten Ethik-Faches in Berlin. Eines der stärksten Argumente der Befürworter dieses neuen Faches war, dass Schülerinnen und Schüler sich künftig über Fragen des Lebens, Handelns und Glaubens in einem gemeinsamen Fach miteinander sich austauschen können und dies zugleich auf einem wissenschaftsaffinen Hintergrund tun. Auch wenn für den Bereich der praktischen Philosophie der Lehrplan diese Hoffnung wohl erfüllt, sieht das im Bereich der Religionen leider anders aus. Religion kommt im Ethik-Lehrplan nur in zwei von sechs Themenfeldern, und zwar bei

„Schuld Pflicht Gewissen" (dort mit der christlichen Lehre von der Erbsünde) und bei „Wissen, Hoffen und Glauben" vor. Für alle anderen Themen des Lebens ist eine religiöse Perspektive nicht vorgesehen. Für eine *religious literacy* ist das zu wenig.[9]

Ziel einer solchen angestrebten Verständigung zwischen Religionen und Weltanschauungen kann nicht ein harmonistisches Vereinheitlichen aller positiven Religionen sein, sondern es ist eher in der *Erkenntnis und Reflexion von Gemeinsamkeiten und Differenzen der Religionen und Weltanschauungen* zu suchen. Mit einem Überdecken und Kaschieren von Unterschieden ist so wenig gewonnen wie mit einer Variante der Toleranz, der *alles* egal ist. Religiöse Bildung besteht weder darin zu sagen, „ist mir doch egal was Du glaubst" noch darin zu meinen, „im Prinzip glauben wir doch alle das gleiche". Religiöse Bildung äußert sich viel mehr darin, Gemeinsamkeiten aber ebenso sehr auch Differenzen erkennen und anerkennen zu können.[10]

Wiederum kann hier Wilhelm von Humboldt Pate stehen, wenn er sein Konzept der Bildung als die Antwort auf die Ausdifferenzierung der Welt versteht. Wenn die Welt schon nicht mehr unter einen Hut zu bringen ist, sondern es immer mehr Hüte werden, so ist die Einheit nicht mehr in der Welt herzustellen, sondern jedes Individuum wird sich andauernd um ein solches Zusammenbringen dieser verschiedensten Anforderungen der Welt sei es in Familie, Beruf, Jugendgang, Schule, Musikschule, Konfirmandenunterricht, Betriebspraktikum, bemühen müssen. Von allein leistet dies die Welt nicht mehr. Religiöse Bildung muss deshalb ein entsprechendes „sich verhalten können" zu religiösen Differenzen zum Ziel haben. Differenzen treten bekanntlich keineswegs nur zwischen den Religionen sondern auch innerhalb der einzelnen Religionen und Weltanschauungen auf. Gerade die Thematisierung von solchen Differenzen innerhalb einer Religion, Konfession oder Weltanschauung wird zur Bildung der je individuellen religiösen Identität der Heran-

---

9   Vgl.: Lindner 2005. Senatsverwaltung für Bildung, Jugend und Sport, 2006: Rahmenlehrplan für die Sekundarstufe I: Ethik. http://www.lisum.de/Inhalte/Data/unterrichtsentwicklung/ ethik/index.html/ 2006-06-23.5781954147. Das Land Brandenburg hatte bereits lange vor Berlin mit LER ein Fach eingeführt, das sich tendenziell an alle SchülerInnen richtet und den Bereich Religionskunde sogar im Namen trägt. Dennoch zeigen empirische Untersuchungen dass Religion und besonders die christliche Religion im LER-Unterricht kaum angemessen vorkommt. Achim Leschinsky, Sabine Gruehn, 2001, LER – eine Reforminitiative auf dem Weg zu einer realitätsgerechten Aufgabenstellung, in: Neue Sammlung, 41/3, 369-392 und Achim Leschinsky, Sabine Gruehn, 2002, Lebensgestaltung – Ethik – Religionskunde – ein notwendiger Reformversuch unterwegs, in: Auer, K.H. (Hg.), Ethikunterricht. Standortbestimmung und Perspektiven, Innsbruck/Wien 145-165.

10 Vgl. Bernhard Dressler, Unterscheidungen. Religion und Bildung., Reihe: Forum ThLZ, Leipzig 2006.

wachsenden besonders wichtig sein, da dies die Chance bietet, Religionen nicht nur als homogenen Block wahrzunehmen, sondern durch die Darstellung ihrer Binnendifferenzierungen zur individuellen Positionierung zu ermutigen.

2.3 Religiöse Wissensvermittlung als allgemein bildende Aufgabe der Schule

So multireligiös sich die Gesellschaft zuweilen auch zeigt, eine immer größer werdende Zahl – und im Osten die weit überwiegende Mehrheit ihrer Bürger – ist in keiner Religionsgemeinschaft eingeschrieben, geschweige denn aktiv. Die meisten Menschen im Osten sind nicht einmal selbst aus der Kirche ausgetreten, sondern das haben schon ihre Eltern und Großeltern getan. Religion als Dimension des Menschlichen kommt in diesen Familien nicht mehr vor.[11] Insofern kann auch nicht mehr darauf vertraut werden, dass die religiöse Sozialisation im Elternhaus und den Kirchgemeinden stattfindet, weil die Elternhäuser areligiös sind und die Kirchengemeinden kaum noch ihre eigenen Mitglieder erreichen, geschweige denn Außenstehende.[12] Das Wissen über Religion wird nicht mehr über diese Institutionen vermittelt. Wer aber nichts mehr von Religion weiß, wird auch den zitierten Filmausschnitt nicht verstehen können. Wer nicht weiß, dass das Abendmahl normalerweise mit Brot und Wein/Traubensaft gefeiert wird, der wird das Besondere dieses Abendmahls, das mit Kuchen und Kaffee gefeiert wurde, nicht erkennen können. Wer nicht weiß, was die „Einsetzungsworte" sind, der wird nicht verstehen können, was diese Worte hier mit Kaffee und Kuchen machen. Wenn man also eine Schlüsselszene dieses Films deuten, interpretieren und verstehen können soll, dann bedarf es eines Mindestmaßes an religiöser Bildung. Dazu ist es ganz unerheblich, ob die Person sich selbst als religiös versteht oder nicht.

Allerdings betrifft das gewählte Beispiel bislang lediglich Probleme der Hochkultur, denn Dokumentarfilme sehen sich meist ohnehin nur jene Hochgebildeten an, die zumindest die die dafür nötige religiöse Grundbildung auch mitbringen.

---

11 Vgl. Detlef Pollack, 1993, Zur religiös-kirchlichen Lage in Deutschland nach der Wiedervereinigung – Eine religionssoziologische Analyse, in: ZThK Jg. 93 4/96, 586-615. und Detlef Pollack, Die Kirche in der Organisationsgesellschaft, Stuttgart, 1994. und Detlef Pollack, Individualisierung statt Säkularisierung? – Zur Diskussion eines neueren Paradigmas in der Religionssoziologie, in: Karl Gabriel (Hg.); Religiöse Individualisierung oder Säkularisierung, Gütersloh, 1996.

12 Vgl. Maren Rinn, Die religiöse und kirchliche Ansprechbarkeit von Konfessionslosen in Ostdeutschland. Eine Analyse auf Grundlage empirischer Untersuchungen in der Evangelisch-Lutherischen Landeskirche Mecklenburgs und Evangelischen Landeskirche Anhalts. Sozialwissenschaftliches Institut der EKD, 2006.

Allerdings lassen sich leicht Beispiele aufweisen, die auf Alltagskultur zielen und ebenso sprechend sind, wie das Eingangszitat.

Lohnend ist dafür ein Blick in die Werbung. Eine Renault-Werbung aus den 90er Jahren mag hier als Beispiel für viele andere stehen.[13]

In dem entsprechenden Fernsehspot, der gleichzeitig zur Werbekampagne in den Printmedien lief, war keine Unterschrift zu sehen, sondern am Ende des Trickfilms mit zwei nackten Menschen und einer Schlange murmelte eine sonore französische Herrenstimme etwas von „Paradies". Aber selbst mit Unterschrift muss man zumindest eine ungefähre Ahnung haben, was das Paradies oder gar der Garten Eden ist, was Verführung meint, wo es doch gar nicht um Sex geht und was die Schlange dabei zu tun hat, um diese Werbung verstehen zu können.

Mindestens ebenso gilt das für Spielfilme. Ein aktueller deutscher Spielfilm z.B. wie „Wer früher stirbt ist länger tot"[14] ist ohne zumindest eine ansatzweise Kenntnis von Elementen vor allem katholischer Frömmigkeit nicht zu verstehen. Die Angst des Kindes vor dem Fegefeuer, die ihn dazu motiviert unsterblich wer-

---

13 Für die Bilder danke ich Andreas Mertin.
14 Regie: Marcus Rosenmüller, Deutschland 2006, DVD 2007.

den zu wollen und somit zentrales Motiv des ganzen Filmes ist, bleibt unverständlich, wenn das Fegefeuer nicht gekannt wird.

Aber nicht nur der relativ kleine Markt des deutschsprachigen Autorenfilms greift auf religiöse Kompetenz zurück, sondern mindestens ebenso gilt das für manche internationale Blockbuster und da nicht nur für Ausnahmefilme wie den ersten Film der Matrix-Trilogie, der in Handreichungen und Arbeitsmaterialien zum Religionsunterricht reichlich bearbeitet worden ist, sondern noch für die ärgsten Horrorschocker.

Auch und gerade sie sind ohne ein religiöses Grundwissen nicht verständlich. Weshalb z.B. sollten die zahlreichen Dämonen entweichen, wenn sie ein Kreuz vors Gesicht gehalten bekommen oder mit Weihwasser angeschossen werden?

Gerade der Verlust der Religiosität zeigt, in welchem Maße unsere gesamte Kultur auf religiösen Fundamenten ruht. Wenn Schule den Auftrag hat, Schülerinnen und Schülern allgemeine Bildung so zugänglich zu machen, dass diese zu mündigen Teilhabern der Gesellschaft werden können, dann kommt sie gerade in religionslosen Zeiten ohne eine religiös bildende Funktion nicht aus.

All dies sind Beispiele dafür, dass ein durchaus nichtreligiöser Zusammenhang, wie Werbung, Spielfilme, etc. ohne ein Mindestmaß an religiöser Bildung nicht verstanden wird. Die Ebene eines eigenen religiösen Weltzuganges ist dabei noch nicht erreicht. Viel spricht dafür, Religion mit Schleiermacher als einen eigenen Weltzugang neben anderen zu verstehen,[15] dem dann auch entsprechende Bildungsanstrengungen zukommen, um diese Dimension des Menschlichen überhaupt erleben zu können.[16] Davon war hier bislang bewusst nicht die Rede, sondern es ging um andere Bereiche des Menschseins, für die religiöses Basiswissen notwendig ist, um angemessen an ihnen partizipieren zu können. *Aufgabe der Schule ist demnach die Vermittlung religiöser Bildung für alle.* Gerade weil andere Institutio-

---

15 Siehe dazu z.B. schon die Dritte Rede über die Religion: Über die Bildung zur Religion, 1799/1983 oder die Paragraphen 3 und 4 von Schleiermachers Glaubenslehre, 1830/1960.

16 Diese spezielle Bildung kann Schleiermacher sehr zurückgenommen verstehen: „Der Mensch wird mit der religiösen Anlage geboren wie mit jeder andern, und wenn nur sein Sinn nicht gewaltsam unterdrückt, wen nur nicht jede Gemeinschaft zwischen ihm und dem Universum gesperrt und verrammelt wird – dies sind eingestanden die beiden Elemente der Religion –, so müsste sie sich auch in jedem unfehlbar auf seine eigne Art entwickeln; aber das ist es eben, was leider von der ersten Kindheit an in so reichem Maße geschieht zu unserer Zeit" (Schleiermacher 1799/1982, 126). Schleiermacher, Friedrich Daniel Ernst: Über die Religion. Reden an die Gebildeten unter ihren Verächtern. Dritte Rede über die Religion: Über die Bildung zur Religion, 1799/1983, 121-141.

nen der Gesellschaft dies nicht mehr leisten, ist es Aufgabe der Schule diese Lücke zu schließen um dem Auftrag der Allgemeinbildung gerecht werden zu können.[17]

2.4   Religiöse Bildung und Identität

Das Schleiermacher-Zitat zeigte an, dass bereits Schleiermacher Religion als ein höchst individuelles und von Individuum zu Individuum verschiedenes Verhältnis verstand. Was in anderen Bereichen des Lebens zu einem Kennzeichen der Neuzeit geworden ist, dass nämlich weder Geburtstände den künftigen Stand, noch Berufe der Eltern die künftigen Tätigkeiten der Heranwachsenden prädeterminieren, muss auch für die Bildung religiöser Identität gelten. Es muss im Bereich religiöser Bildung ernst genommen werden, dass für die Entwicklung der religiösen Identität – wie der Identität schlechthin – das Individuum selbst verantwortlich ist und diese eben nicht mehr durch Herkunft vorgegeben ist. Das sieht die Evangelische Kirche Deutschlands im Prinzip auch so. Die EKD-Denkschrift „Identität und Verständigung" plädierte für ein solches Verständnis von Identität.[18] Zu Zeiten Lessings war dies noch eine revolutionäre Ausnahme in religiösen Dingen selbst zu entscheiden. Herausfordernd für die Zeitgenossen war die Provokation des Sultans an Nathan in seinem Stück „Nathan der Weise": „Ein Mann, wie du, bleibt da nicht stehen, wo der Zufall der Geburt ihn hingeworfen: oder wenn er bleibt, bleibt er aus Einsicht, Gründen, Wahl des Bessern."[19] Freilich ist dies im Stück mit einer gewissen Hinterlist gesagt, die Nathan schnell Kopf und Kragen kosten kann und soll. Für die Moderne soll dieser Satz aber für jeden gelten können, da alle sich die eigene religiöse Identität aussuchen können. Sie ist sowenig automatisch die der Eltern, wie wir noch Bäcker oder Kfz-Mechaniker werden, weil dies die Eltern waren.

Im deutschen Konzept des nach Konfessionen und Religionen gesonderten Religionsunterrichtes ist es allerdings fraglich, wie einem Identitätskonzept einer offenen sich entwickelnden und vernetzenden Identität entsprochen werden kann. Die katholische Position ist an dieser Stelle noch rigider als die evangelische, insofern als sie von einer Trias, der Einheit von katholischer Lehrperson, katholischen Schülern und katholischem Religionsunterricht ausgeht. Deshalb bedarf es Formen

---

17 Zu möglichen rechtlichen Implikationen dieser Aufgabe vgl. Henning Schluß, Das Recht des moralisch-evaluativen Unterrichts. Zur pädagogischen Bedeutung der juristischen Auseinandersetzung um den Religionsunterricht, LER und Ethik, in: Sabine Gruehn, Gerhard Kluchert, Thomas Koinzer (Hg.): Was Schule macht. Schule, Unterricht und Werteerziehung: theoretisch, historisch, empirisch. Weinheim 2004, 257-272.

18 Vgl. EKD 2000.

19 Lessing 1778/1979, 81, Aufzug, 5. Auftritt. Lessing, Gotthold Ephraim: Nathan der Weise. Leipzig, 1778/1979.

des Unterrichts, die auch strukturell diese Einsicht der Moderne abbilden können, dass Individuen sich in der Auseinandersetzung mit der mannigfaltigen Welt sich selbst bilden müssen, auch in religiöser Hinsicht. Gefragt werden muss nach Konzepten religiöser Grundbildung die gewährleisten, dass Schülerinnen und Schüler nicht automatisch das als religiöse Identität zugeschrieben wird, was die Religion der Eltern ist. Die von der EKD bevorzugten Modelle einer Fächergruppe mit fächerverbindenden und fachübergreifenden Momenten weisen für diese Herausforderung einen ebenso hilfreichen Ansatz aus, wie z.b. das Modell der religionsphilosophischen Schulprojektwoche, das sich an alle Schülerinnen und Schüler, unabhängig von ihrer Herkunftsreligion, richtet.[20] Ein interessanter Ansatz scheint das Hamburger Modell eines „Religionsunterrichts für alle" zu sein, wenngleich auch hier spezifische Probleme zu beachten sind, so dass eben doch nicht alle Religionen und Konfessionen sich in das Modell einbeziehen lassen.[21] Entgegen der nahe liegenden Befürchtung bieten konfessionelle Schulen strukturell sogar günstigere Voraussetzungen solcher individuellen religiösen Grundbildung, weil hier alle Schülerinnen und Schüler verbindlich am Religionsunterricht teilnehmen, unabhängig von ihrem persönlichen Bekenntnis und der Dialog und die multiperspektivische Auseinandersetzung sich so kaum vermeiden lassen.[22]

3   Zur Bedeutung der Erfahrung für die religiöse Grundbildung

Die Frage der religiösen Bildung in der Schule kennt grundsätzlich zwei widerstreitende Konzepte. Entweder wird sie so verstanden, dass sie selbst in irgend einer Weise religiös sei, oder sie erfolgt so, dass sie zwar über Religion(nen) informiert, sich selbst jedoch einer Position enthält und insofern die Religion wie die Geographie behandelt, die im älteren Titel dieses Faches auch als „Erdkunde" bezeichnet

---

20 Vgl. Henning Schluß, Marcus Götz-Guerlin, Entwicklungsperspektiven der Religionsphilosophischen Projektwochen aus Sicht der Erziehungswissenschaft, in: Katharina Doyé, Matthias Spenn, Dirk Zampich (Hg.), Die Religionsphilosophischen Projektwochen. Comenius-Institut, Münster 2006, 51-56. und Katharina Doyé, Matthias Spenn, Dirk Zampich (Hg.), Die Religionsphilosophischen Projektwochen – Ethisch-religiöse Bildung mit Schülerinnen und Schülern, Reihe, Schnittstelle Schule 1, Comenius-Institut Münster 2006.

21 Vgl. Folkert Doedens, Gemeinsame Grundsätze der Religionsgemeinschaften für einen interreligiösen Religionsunterricht? Der Hamburger Weg: Religionsunterricht für alle, 2001, in: http://lbs.hh.schule.de/relphil/pti/downloads/rufalle.doc (Zugriff am 7.4.2006).

22 Vgl. Martin Schreiner, Im Spielraum der Freiheit. Evangelische Schulen als Lernorte christlicher Weltverantwortung, Göttingen 1996. und Martin Schreiner, Religiöse Bildungsstandards: Lernort Schule in kirchlicher Trägerschaft. Thesen zum Workshop, Theo-Web 3. Jg. H.2, 73-75, http://www.theo-web.de/zeitschrift/ausgabe-2004-02/schreiner_endred.pdf., 2004.

wurde. Der Religionsunterricht im Typus der „Kunde" wird pointiert deutlich, wenn er mit der „Sexualkunde" relationiert wird. Hier ist gemeint, Sexualität soll im schulischen Unterricht im aufklärerischen Sinne thematisiert, jedoch keinesfalls praktiziert werden.

Ganz anders die Intention des Sprachunterrichtes mit dem das andere Konzept des Religionsunterrichtes verglichen werden kann. Hier soll keinesfalls nur eine Grammatik und ein Wissen über die Geschichte und Verwendungskontexte einer Fremdsprache eingeübt werden, sondern die Sprache selbst soll beherrscht werden. Das wird nicht gelingen, ohne dass im Unterricht diese Sprache gelesen und gesprochen wird und zwar nicht nur von den Lehrern, sondern von den Schülern selbst.

Die Frage ist also, ob sich religiöse Bildung im schulischen Kontext angemessen im Paradigma des Sexualkundeunterrichts oder des Sprachenunterrichts beschreiben lässt. In der Debatte um den sogenannten performativen Religionsunterricht ist diese Frage derzeit wieder hoch aktuell. Hier soll eine Antwort auf diese Frage entwickelt werden, die mehrere Bestandteile hat und somit komplexer als die beschriebene Alternative ist.

3.1   Erfahrungen sind nicht das Ziel von schulischem Unterricht

Über das Ziel von Schule geben die Präambeln der jeweiligen Schulgesetze in der Regel Auskunft. Die großen Leitlinien pädagogischen Handelns werden somit noch einmal kodifiziert. Allerdings haben die dort vorfindlichen Begriffe wie „Mündigkeit" häufig den Nachteil, dass sie kaum konkret unterfüttert werden können.[23] Wird jedoch etwas kleiner gefragt, was das Ziel von *Unterricht* sei, so hat die Antwort viel für sich, die das Ziel unterrichtlicher Interaktionen vor allem im Erwerb von Kompetenzen sieht. In Fähigkeiten, die Schülerinnen und Schüler erwerben.[24]

---

23 Vgl. Markus Rieger-Ladich, Mündigkeit als Pathosformel – Beobachtungen zur pädagogischen Semantik, UVK, Konstanz 2002.

24 Kompetenz wird hier im Sinne von Klieme verstanden, „In Übereinstimmung mit Weinert verstehen wir unter Kompetenzen die bei Individuen verfügbaren oder von ihnen erlernbaren kognitiven Fähigkeiten und Fertigkeiten, bestimmte Probleme zu lösen, sowie die damit verbundenen motivationalen, volitionalen und sozialen Bereitschaften und Fähigkeiten, die Problemlösungen in variablen Situationen erfolgreich und verantwortungsvoll nutzen zu können. Kompetenz ist nach diesem Verständnis eine Disposition, die Personen befähigt, bestimmte Arten von Problemen erfolgreich zu lösen, also konkrete Anforderungssituationen eines bestimmten Typs zu bewältigen. Die individuelle Ausprägung der Kompetenz wird nach Weinert von verschiedenen Facetten bestimmt: Fähigkeit, Wissen, Verstehen, Können, Handeln, Erfahrung, Motivation", siehe E. Klieme, Zur Entwicklung nationaler Bildungsstandards, Bonn 2003, 59.

Und insofern unsere Welt und auch unsere Unterrichtswirklichkeit ausdifferenziert ist, macht es auch Sinn, nach fachspezifischen Kompetenzen zu fragen und diese anzustreben. PISA hat solche Kompetenzen für die Muttersprache oder Fremdsprachen oder Mathematik beschrieben. Darüber hinaus ist es jedoch durchaus sinnvoll, sich auch über Kompetenzen Gedanken zu machen, über die die Schülerinnen und Schüler verfügen können sollten, wenn sie den Religionsunterricht genossen haben, also „religiöse Kompetenzen".

In den DFG-Forschungsprojekten RU-Bi-Qua/Kerk, die gemeinsam von allgemeinen Erziehungswissenschaftlern und Religionspädagogen der Humboldt-Universität Berlin verantwortet werden, werden derzeit solche religiösen Kompetenzen beschrieben und empirisch erhoben.[25] Religiöse Kompetenz wird dabei unterteilt in die Teilkompetenzen der religiösen Deutung und der religiösen Partizipation[26], die sich auf die Bezugsreligion des Unterrichtes, andere Religionen oder religiöse Derivate und Erscheinungen in der Gesamtgesellschaft beziehen.[27]

---

25 Die Formulierung von Kompetenzen für den Religionsunterricht umfasst dabei nicht alles, was den Lebensbereich der Religion ausmacht, sondern nur den Teil von Religion, der im Sinne des Konzepts empirisch mess- und bewertbar ist.

26 Unter Partizipationskompetenz wird ein Können verstanden, das es Schülerinnen und Schülern erlaubt, zu religiösen Sachverhalten oder Phänomenen mit religiösen Aspekten individuell, gemeinsam und öffentlich Stellung zu nehmen. Diese Auffassung von Partizipationskompetenz entspricht dem der EKD-Denkschrift: Identität und Verständigung: „Die Evangelische Kirche in Deutschland hat schon 1971 unmissverständlich klargestellt, daß der in der Verfassung der Bundesrepublik vorgesehene konfessionelle Religionsunterricht im Lichte von Artikel 4 GG, des Rechts auf Religionsfreiheit auszulegen ist. Er hat der ‚Sicherung der Grundrechtsausübung durch den einzelnen' zu dienen, dem einzelnen Kind und Jugendlichen. Sie sollen sich frei und selbstständig religiös orientieren können. Der Religionsunterricht ist kein Instrument kirchlicher Bestandssicherung. [...] Er ist juristisch grundrechtlich verankert und muss wie jedes Fach aus demselben Mittelpunkt begründet werden, der alle Unterrichtsfächer zusammenschließt, dem Bildungsauftrag der Schule. Dieser Auftrag ist vor allem in *pädagogischen* Kategorien zu entfalten" (EKD, Rat der Evangelischen Kirche in Deutschland herausgegeben vom Kirchenamt der EKD, Identität und Verständigung. Standort und Perspektiven des Religionsunterrichts in der Pluralität. Eine Denkschrift der Evangelischen Kirche in Deutschland. Im Auftrag des Gütersloh 1994)

27 Ausführlich zu dem Projekt vgl. den Beitrag von Dietrich Benner in diesem Band und Roumiana Nikolova, Henning Schluß, Thomas Weiß, Joachim Willems: Das Berliner Modell religiöser Kompetenz. Fachspezifisch – Testbar – Anschlussfähig. In: TheoWeb 2/2007, S. 67-87. http://www.theo-web.de/zeitschrift/ausgabe-2007-02/12.pdf.

	Religiöse Kompetenz	
	Religiöse Deutungskom-petenz	Religiöse Partizipations-kompetenz
Bezugsreligion		
andere Religionen		
Religion in der Gesell-schaft		

Auch die „Einheitlichen Prüfungsanforderungen für das Abitur in evangelischer Religionslehre"[28] beschreiben die Anforderungen in fachspezifischen Kompetenzen, die allerdings weiter aufgefächert werden, als im Berliner Modell: 1. Wahrnehmungs- und Darstellungsfähigkeit, 2. Deutungsfähigkeit, 3. Urteils-fähigkeit, 4. Dialogfähigkeit, 5. Gestaltungsfähigkeit. An diese schließen sich auch die in Entwicklung befindlichen Kerncurricula zur Evangelischen Religionslehre an. Der Baden-württembergische Lehrplan ist der erste, der angestrebte fachspezifische Kompetenzen auf Lehrplanebene versucht hat zu formulieren. Die dabei versuchte Kombination mit den aus den 70ern stammenden vier Globalkompetenzen (Sach-, Methoden, Selbst- und Sozialkompetenz) die hier um vier weitere (hermeneutische, ethische, kommunikative und ästhetische Kompetenz) ergänzt worden sind,[29] kann dagegen noch nicht gänzlich überzeugen, da die sogenannten Globalkompetenzen eben schon dem Worte nach nicht fachbezogen sind und auch kaum im Horizont von „richtiger" und „falscher" evaluierbar sind, was freilich der zentrale Anspruch an fachbezogene Kompetenzformulierungen ist. Hier könnte der überarbeitete Berliner Rahmenlehrplan wegweisend wirken, der die religiöse Kompetenz als fachspezifische Kompetenz durchweg evaluierbar als Handlungs- und Deutungskompetenz interpretiert.[30]

Das Ziel der Lehr-Lern-Prozesse des Unterrichts in fachspezifischen Kompetenzen zu beschreiben ist demnach nicht nur systematisch wohlbegründet, in dem es eine heilsame Beschränkung pädagogischer Bemühungen auf das verspricht, was unterricht nachprüfbar zu leisten im Stande ist, sondern es setzt sich auch praktisch gegenwärtig durch. Im Unterschied allerdings zu reiner Kenntnis, die auch überprüfbar ist, zielt der Begriff der fachspezifischen Kompetenz immer auf ein Kön-

---

28 http://www.kmk.org/doc/beschl/061116_EPA-evreligion.pdf, S. 8ff.
29 http://www.bildung-staerkt-menschen.de/service/downloads/Bildungsstandards/
    Rs/Rs_evR_bs.pdf, 23.
30 http://www.ekbo.de/Dateien/Rahmenplan2007.pdf

nen, nicht nur auf ein Wissen. Können setzt freilich Wissen voraus, ist jedoch immer mehr, ein eigener Umgang mit diesem Wissen, der wiederum überprüfbaren Regeln folgt. Es geht beim Können nicht nur das Auswendiglernen eines Gleichnisses, oder das Auswendiglernen von Auslegungsmethoden, sondern es geht in der Oberstufe z.b. um die Fähigkeit, in der Begegnung mit einem bekannten oder unbekannten Gleichnis, sachlich begründet bestimmte Auslegungsmethoden auswählen zu können und diese sachgerecht anwenden zu können. Es geht sowohl darum, Probleme lösen zu können, als auch darum, Probleme entdecken und formulieren zu können.

3.2 Erfahrungen sind die Voraussetzung für schulischen Unterricht, der Erfahrungen (wissenschaftlich) erweitern will

Ein solches Können, wie es in fachspezifischen Kompetenzen beschrieben wird, setzt nicht nur Wissen voraus, sondern auch Erfahrungen mit dem Gegenstand. Im Fall der unterrichtlich angestrebten religiösen Kompetenz also Erfahrungen mit Religion. Für die DFG-Projekte RU-Bi-Qua/Kerk haben wir diesen Dreischritt aus Erfahrung, Wissen und Kompetenz mit folgendem Schema zu verdeutlichen versucht.

Religiöse Deutungskompetenz	Religiöse Partizipationskompetenz
Erfahrungen mit rel. Phänomenen	Partizipationserfahrungen
Religionskundliche Kenntnisse	
Hermeneutische Fähigkeiten	Reflexion und Stellungnahme zu rel. Partizipationsmöglichkeiten

Der Rückbezug auf das Beispiel Sexualkunde mag diesen Dreischritt verdeutlichen. Dieser Unterricht setzt bestimmte Erfahrungen mit dem eigenen Körper voraus. Er kann sie auch voraussetzen, weil jede und jeder einen Körper hat. Diese Erfahrungen werden dann mit spezifischen unterrichtlichen Mitteln erweitert. Hier wie im Religionsunterricht ist die Erfahrung ist nicht das Ziel. Sie soll und kann nicht überprüft werden sie ist aber eine Voraussetzung, die unterrichtlich zu einem Können des methodisch reflektierten Umgangs mit solchen Erfahrungen erweitert werden soll.

Wenn ein Standard, den es unterrichtlich zu erreichen gilt, z.B. hieße: Ein Gespräch mit einem muslimischen Mitschüler zum religiösen Leben in der Diaspora führen zu können, so wird es für solch ein Gespräch nicht ausreichen, nur die Daten und Fakten von Muslimen in Deutschland im Kopf zu haben, sondern es geht um ein Einfühlungsvermögen in Minderheitensituationen, Fremdheit, ein Gefühl von Beheimatung in und durch Religion usw. Das Indianersprichwort; „Willst du jemand anderen verstehen, dann so gehe 20 Meilen in seinen Mokassins" bringt diese grundlegende Dimension der Erfahrung auf den Punkt. Für ein Gespräch ist es aber ebenso wichtig, eigene Positionen benennen und reflektieren zu können. Und auch diese basieren wieder auf Erfahrungen. Dieses benennen und reflektieren können, das anzuregen und anzuleiten ist die eigentliche Aufgabe des Unterrichts. Der Erwerb religiöser Kompetenz ohne religiöse Erfahrung ist ebenso schlecht möglich, wie der Erwerb von Fremdsprachenkompetenz ohne das Sprechen der Fremdsprache. Voraussetzungen dafür im Bereich der Religion sind also Erfahrungen mit Religion. Eine bloß informative Religionskunde greift deshalb genauso zu kurz, wie ein Glaubensunterricht zu weit ginge. Vielmehr muss der Erwerb religiöser Kompetenz darin bestehen, religiöse Erfahrungen reflektieren zu können, um die grundgesetzlich garantierte Religionsfreiheit verantwortlich wahrnehmen zu können.

3.3   Erfahrungen mit Religion sind vielfach nicht oder zu wenig vorhanden.

Dieses Problem muss an dieser Stelle weder begründet noch allgemein interpretiert werden. Es gilt für Ost- und Westdeutschland sicherlich in unterschiedlicher Weise, da die nominelle Zugehörigkeit zu einer Kirche im Westen der Bundesrepublik noch weithin die Regel ist. Quer zu den Ost-West Differenzen gibt es aber auch ein Nord-Süd-Gefälle in der Kirchenmitgliedschaft und eine erhebliche Differenz zwischen Stadt und Land. Aber selbst in solchen Milieus, die bis vor 20 Jahren noch als der Hort konservativen Volkskirchentums galten zeigen sich tiefe Risse in der selbstverständlich vermittelten Frömmigkeit.[31] Auch an konfessionellen Schulen – die ja für alle Schülerinnen und Schüler offen sind – kommen nicht nur die konfessionslosen Schülerinnen und Schüler von einem Frühstück ohne Tischgebet und ohne einen Kindergottesdienstbesuch am Sonntag in die Schule.[32] Im relativ kirchlichen Sachsen kommen 50% der TeilnehmerInnen am evangelischen Religionsun-

---

31 Vgl. die Untersuchungen zu den für die Kirchen überhaupt noch erreichbaren Milieus in: Sinus, Die Religiöse und kirchliche Orientierungen in den Sinus-Milieus, Heidelberg 2005.
32 Vgl. Michael Domsgen, Religionsunterricht und Familie in Ostdeutschland – Überlegungen zu einem vernachlässigbaren Verhältnis, in: Zeitschrift für Pädagogik und Theologie, 1/Jg. 57, 2005.

terricht aus nichtkonfessionellen Elternhäusern.[33] Für den Religionsunterricht ist dies ein beachtlicher Erfolg, denn offenbar wird sein Bildungsangebot nicht nur im binnenkirchlichen Raum war- und ernst genommen. Aber deutlich ist auch, wenn es die Aufgabe des RU ist, Erfahrungen wissenschaftlich zu erweitern, um so religiöse Kompetenzen ausbilden zu können, dann müssen diese Erfahrungen gemacht worden sein. Wenn sie nicht von außerhalb des Unterrichts mitgebracht worden sind, wie man sich das so im volkskirchlichen Konzept dachte, dann müssen Erfahrungsmöglichkeiten auf religiösem Gebiet „pädagogisch" arrangiert werden.

3.4 Pädagogisch arrangierte Erfahrungsräume

Wenn es also auch Aufgabe einer religiösen Bildung im öffentlichen Interesse sein muss, über religiöse Erfahrungen zu reflektieren, dann müssen die Heranwachsenden auch Gelegenheit bekommen, eine Synagoge, eine Moschee, einen buddhistischen Tempel zu besuchen, an einem Gebet teilzunehmen, einen Psalm zu lesen, an einer diakonischen Einrichtung zu erleben, was tätige Nächstenliebe bedeuten kann.[34] Erfahrung wird dabei immer in einem doppelten Sinne als aktiv und passiv zugleich verstanden. „Die aktive Seite der Erfahrung ist ein Ausprobieren, Versuch – man *macht* Erfahrungen. Die passive Seite ist ein Erleiden, ein Hinnehmen", schrieb Dewey 1916.[35]

Religiöse „Erfahrung" wird dabei in einem relativ weiten Sinne verstanden. Es geht also nicht um Bekehrungserlebnisse, die arrangiert werden sollen. Vielmehr geht der hier verwendete Begriff von Erfahrung davon aus, dass Begegnung mit Themen, Bereichen, Praxen, die religiös konnotiert sind und nicht zum alltäglichen

---

33 Ergänzend sei hinzugefügt, dass allerdings nur 20% eines Jahrgangs im Durchschnitt den Religionsunterricht besuchen. Vgl. Karl Ernst Nipkow, Religiöse Bildung im Pluralismus, in Neue Sammlung H.2 2000, 281-293; siehe auch: Helmut Hanisch, Jochen Kinder, Religions- und Ethikunterricht im Freistaat Sachsen aus statistischer Sicht, in: Michael Domsgen u. a. (Hg.), Religions- und Ethikunterricht in der Schule mit Zukunft, Bad Heilbrunn/Obb 2003, 191-214. und H. Hanisch, D. Pollack, Religion – ein neues Schulfach. Eine empirische Untersuchung zum religiösen Umfeld und zur Akzeptanz des Religionsunterrichts in den neuen Bundesländern, Stuttgart 1997.

34 Vgl. Bernhard Dressler, Darstellung und Mitteilung. Religionsdidaktik nach dem Traditionsabbruch, in: Thomas Klie, Silke Leonhard (Hg.), Schauplatz Religion. Grundzüge einer Performativen Religionsdidaktik, Leipzig 2003, 152-165.

35 John Dewey, Demokratie und Erziehung. Eine Einleitung in die philosophische Pädagogik. Weinheim/Basel 1916/1993, 186. John Dewey weist in seinem 11. Kapitel von Demokratie und Erziehung „Erfahrung und Denken" auf diese doppelte Erfahrung hin: „Das Wesen der Erfahrung kann nur verstanden werden, wenn man beachtet, dass dieser Begriff ein passives und ein aktives Element umschließt, die in besonderer Weise miteinander verbunden sind" (ebd.).

Lebenshorizont der Jugendlichen gehören, Erfahrungen bei ihnen evozieren. Um als religiöse Erfahrungen verstanden werden zu können, bedürfen sie eines Moments, das bisherige Lebenszusammenhänge in gewisser Weise transzendiert. Ein Moment der Fremdheit, der Andersheit ist diesen Erfahrungen eigen, die insofern provozierend sind, als sie geeignet sind, vorgängige Erfahrungen in Frage zu stellen, noch einmal zu überprüfen und neue Wege öffnen. Das kann im Extremfall die Erfahrung des Todes naher Personen, als das Einbrechen der Kontingenz in alltägliche Lebenszusammenhänge sein. Freilich ist der Tod naher Menschen unterrichtlich nicht zu arrangieren. Es kann aber auch ganz unspektakulär ein Projekt des diakonischen Lernens im Religionsunterricht sein, das die Frage des Wertes von Leben, oder des Sinns von Leben angesichts von Behinderung für die Schülerinnen erfahrbar macht. Nicht zuletzt kann auch die Begegnung mit biblischen Texten solche Erfahrungsräume aufschließen. Dabei ist für Transzendenzerfahrungen kennzeichnend, dass diese nicht gemacht und damit abgeschlossen sind, die erfahrene Kontingenz quasi eingehegt wird, sondern solche Erfahrungen lebensbegleitend mitlaufen können.[36] Auch wenn sie zu unterschiedlichen Lebenszeiten je unterschiedlich wichtig sind, wird in ihnen eine Dimension spürbar, die immer noch einmal quer zu dem Alltagsleben steht.

Die Alternative, in anderen Bereichen des Lebens (z.B. im Fußball oder Rockkonzerten) die religiöse Dimension zu erschließen, kann die ganze Breite und vor allem das Zentrum religiösen Er-Lebens wohl kaum erschließen. Das staatliche Neutralitätsgebot wird so nicht überschritten, sondern die Grundlagen zur Reflexion über Religion werden in „pädagogisch arrangierten Erfahrungsräumen" gelegt, weil die unmittelbar lebensweltlichen Erfahrungen aus dem eigenen Kindergottesdienst, aus dem selbst erlebten Martinsumzug, aus der eigenen Konfirmation fehlen![37]

Zwei Missverständnisse sind dabei auszuschließen:

---

36 An dieser Stelle danke ich Hans Hermann Willke und Marcus Götz-Guerlin für ein bereicherndes Gespräch beim Kakao zum Erfahrungsbegriff.

37 Mit dem Begriff der „pädagogisch arrangierten Erfahrung" lehne ich mich an einen Begriff Dietrich Benners in: Dietrich Benner, Erziehung und Tradierung. Grundprobleme einer innovatorischen Theorie und Praxis der Überlieferung, in: Vierteljahrsschrift für wissenschaftliche Pädagogik 80, 2004, 163-181 an, der einen ähnlichen Zusammenhang im Begriff der „künstlichen Tradierung" beschreibt. Die Kritik Johannes Bellmanns an diesem Begriff, nach der jede Tradierung künstlich sei, führt mich jedoch zur Formulierung der „pädagogisch arrangierten Erfahrung"., vgl. Johannes Bellmann, 2006, Religionsunterricht ist ordentliches Lehrfach. Begründungen religiöser Bildung an öffentlichen Schulen, in: Jörg Ruhloff/Johannes Bellmann et al. (Hg.), Perspektiven Allgemeiner Pädagogik. Dietrich Benner zum 65. Geburtstag, Weinheim.

Das erste ist, dass die religiöse Erfahrung somit doch durch die Hintertür zum Ziel religiöser Bildung wird. Erfahrung muss ausdrücklich Voraussetzung bleiben und wird auch dann nicht abprüfbar oder gar bewertbar, wenn sie in pädagogisch arrangierten Kontexten erfolgt. Der Satz: „Deine Erfahrung ist richtig." oder „Deine Erfahrung ist falsch", ist auch in Bezug auf religiöse Bildung ein sinnloser Satz. Erfahrung bleibt etwas höchst Subjektives. Sie kann nicht verordnet werden. Es können Arrangements angeboten werden, in denen Erfahrungen gemacht werden *können, ob* sie jedoch gemacht werden und *wie*, das kann nicht dekretiert werden.

Ein weiteres Missverständnis wäre es „pädagogisch arrangierte Erfahrungsräume" so zu deuten, als müssten die Lehrpersonen so tun, als seien sie in bestimmter Weise religiös, es aber tatsächlich nicht sind. Vielmehr gilt der breite Konsens der Religionspädagogik, dass die Begegnung mit authentisch gelebtem Glauben für die Erfahrung eben dieses Glaubens unabdingbar ist. Lehrerinnen und Lehrer müssen und können deshalb keineswegs den ganzen Kosmos von Glaubensweisen persönlich vertreten – heute pietistisch, morgen aufklärerisch skeptisch, übermorgen meditativ. An Begegnungen, Erfahrungen und Auseinandersetzung mit anderen konkreten Gläubigen werden deshalb Konzepte religiöser Bildung nicht herumkommen, weil sich nur hier Erfahrungen gewinnen lassen. Das „pädagogisch" bezieht sich deshalb nicht auf eine *künstliche Religiosität*, sondern lediglich auf das *unterrichtliche Arrangement* der Begegnung mit ebendieser gelebten Religiosität. Das kann bedeuten, wenn die Kinder nicht von sich aus zum Martinsumzug gehen, dann wird das unterrichtlich – vielleicht sogar in einem Schulprojekt organisiert. Was man allerdings von Lehrerinnen und Lehrern auch im Unterricht erwarten kann ist, dass sie ihren Schülern als Personen gegenübertreten und wie Hannah Arendt es formulierte[38], ihnen als den Neuen, den Heranwachsenden, gegenüber ein Stück Welt und auch ein Stück Glaubenswelt, verantworten.

Wenn abschließend noch auf das Filmzitat vom Anfang rückgeblendet wird, so wird klar, dass es bei religiöser Kompetenz, schon gar bei religiöser Bildung immer um mehr geht als um Kenntnisse von Religion. Diese zitierte Szene hat etwas Ergreifendes und Berührendes. Wenn man dies nicht erspüren kann, so fehlt etwas in der Bildung des Menschen. Dieses Berührtwerden können wir weder bei uns selbst noch bei anderen *herstellen*. Aber als Pädagogen sind wir dazu aufgerufen Räume zu öffnen, in denen sich Erfahrungen ereignen können, die die Grundlage zum Nachempfinden, zur Empathie, sogar zum ansprechbar sein für das Heilige bilden. Dieses Öffnen von Räumen für Menschen, für die Bildung von Menschen kann sogar in der Schule geschehen.

---

38 Hannah Arendt, Zwischen Vergangenheit und Zukunft III. (9): Die Krise der Erziehung, München 1994, 255-276.

Christliche Pädagogik – Empirische Befunde zum Profil von Erziehungs- und Bildungseinrichtungen in christlicher Trägerschaft

Manfred L. Pirner

1 Einleitung

In diesem Beitrag soll von einem Forschungsprojekt im Christlichen Jugenddorfwerk Deutschlands e.V. (CJD) berichtet werden. Es verfolgte das Ziel, die pädagogischen MitarbeiterInnen in den über 150 Erziehungs- und Bildungseinrichtungen des CJD über ihre Wahrnehmung und ihr Verständnis des christlichen Profils der pädagogischen Arbeit im CJD zu befragen. Dazu waren theoretische Vorüberlegungen nötig, die hier zumindest kurz angedeutet werden sollen. Die empirische Erhebung wiederum war Teil eines Konsultations- und Entwicklungsprozesses, der vom Wissenschaftlichen Beirat der Arnold-Dannenmann-Akademie im CJD initiiert und begleitet wurde. Gesamtziel dieses Prozesses war es, Leitlinien für eine christliche Pädagogik zu entwickeln, die dann als Orientierung und gemeinsame Basis für die CJD-MitarbeiterInnen dienen sollten. Eine ausführlichere Darstellung der empirischen Untersuchung sowie eine Dokumentation der entwickelten Leitlinien bietet die Buchpublikation „Christliche Pädagogik".[1]

2 Christliche Pädagogik?

Das Profil von evangelischen oder katholischen Schulen und anderen Erziehungs- und Bildungseinrichtungen in christlicher Trägerschaft als „christlich-pädagogisch" zu bezeichnen oder gar von einer „christlichen Pädagogik" zu sprechen, mag manchen fragwürdig erscheinen.

Der Begriff könnte *zum einen* ungute Reminiszenzen an die Weltanschauungspädagogiken des 19. und beginnenden 20. Jahrhunderts wecken, welche sich in der Regel als geschlossene Systeme verstanden und sich gegen einen Autonomieanspruch der Pädagogik wehrten. Dem gegenüber ist die Perspektivität, Fragmentari-

---

1 Manfred L. Pirner, Christliche Pädagogik. Grundsatzüberlegungen, empirische Befunde und konzeptionelle Leitlinien, Stuttgart: Kohlhammer 2008.

tät und Pluralitätsoffenheit einer christlichen Pädagogik im hier gemeinten Sinn zu betonen. Dennoch sind christliche Perspektiven auf pädagogisches Denken und Handeln möglich und sinnvoll. Zwar gilt insbesondere der reformatorischen Tradition bekanntlich Erziehung als ein „weltliches Geschäft", was die Möglichkeit und Sinnhaftigkeit einer christlichen Pädagogik grundsätzlich in Frage stellt.[2] (Deshalb ist es auch keinesfalls zufällig, dass der Begriff sich eher in katholischen Veröffentlichungen findet.[3]) Allerdings gilt es auch in der neueren evangelischen Diskussion als Konsens, dass Pädagogik immer auf „nicht ausschmelzbaren weltanschaulich-religiösen Denkvoraussetzungen" beruht[4] und Bildungstheorien „nicht außerhalb des weltanschaulich-religiösen Pluralismus zu haben" sind.[5]

Zum anderen scheint gerade in jüngster Zeit die *konfessionelle* Profilierung von Schulen (und teilweise auch anderer Erziehungs- und Bildungseinrichtungen) in kirchlicher oder christlicher Trägerschaft zunehmend an Bedeutung zu gewinnen, und dies mit guten Gründen: Werden doch Profilmerkmale wie „Schulkultur", „Schulklima" oder „Schulleben" häufig mit konfessionell geprägten Lebensstilen oder „Milieus" in Verbindung gebracht, und auch die theologischen Perspektiven auf Erziehung und Bildung weisen häufig charakteristische konfessionelle Akzente auf. Sollte man also lieber an der Entwicklung einer *evangelischen* oder *katholischen* Pädagogik (weiter-)arbeiten statt an einer *christlichen*? Dem gegenüber lässt sich allerdings darauf verweisen, dass in bemerkenswerter Übereinstimmung sowohl gesellschaftlich-öffentlich als auch kirchlich-theologisch in aller Regel vom „christlichen Menschenbild" und von „christlichen Werten" gesprochen wird und nicht von evangelischen oder katholischen. Man könnte ferner darauf verweisen, dass in manchen Bundesländern – zumindest offiziell – nach wie vor eine „christliche Gemeinschaftsschule" besteht, die Rückfragen nach christlichen Charakteristika provozieren könnte. Und schließlich gibt es nicht wenige freie Träger von Erziehungs- und Bildungseinrichtungen, die sich als überkonfessionell, aber christlich verstehen; der wohl größte von ihnen ist das Christliche Jugenddorfwerk Deutschlands (CJD).

Nun handelt es sich beim CJD auch um einen Bildungsträger, der seit vielen Jahren programmatisch von einer „christlichen Pädagogik" spricht, ein „christlich-pädagogisches Institut" unterhält und jährliche wissenschaftliche Tagungen zur

---

2   So neuerdings wieder Bernhard Dressler, Unterscheidungen. Religion und Bildung, Leipzig 2006, 60.

3   Vgl. exemplarisch die dokumentierten „Hohenheimer Symposien zur Christlichen Pädagogik" der Akademie der Diözese Rottenburg-Stuttgart sowie die österreichische Zeitschrift „Christlich-pädagogische Blätter".

4   Karl Ernst Nipkow, Bildung in einer pluralen Welt, Bd. 2: Religionspädagogik im Pluralismus, Gütersloh 1998, 108.

5   Dressler, Unterscheidungen, 60.

„christlichen Pädagogik" durchführt. Letzteres zeigt schon, dass es dem CJD gerade darum geht, die gründliche Reflexion über die Möglichkeit und mögliche Konzeptionen einer christlichen Pädagogik zu fördern und voranzutreiben, wovon man sich auch eine reflektiertere pädagogische Praxis verspricht. Zudem wird hier zumindest ansatzweise versucht, die – nach meinem Eindruck häufig eher neben einander her laufenden – Bildungsdiskurse im evangelischen und im katholischen Bereich mit einander ins Gespräch zu bringen. Dies erscheint gerade angesichts des gesellschaftlichen Pluralismus und der besonderen Herausforderungen durch den Säkularismus, aber auch durch den Islam sowie durch andere weltanschauliche Schul- und Pädagogik-Konzepte mindestens ebenso sinnvoll und fruchtbar wie die Frage nach einem konfessionsspezifischen Profil.

Der Wissenschaftliche Beirat der Arnold-Dannenmann-Akademie im CJD[6] wurde 2002 beauftragt, auf der Basis der bereits erfolgten Diskussionen um eine christliche Pädagogik „Leitlinien für eine christliche Pädagogik im CJD" zu entwickeln, die den pädagogischen MitarbeiterInnen als Orientierung und Diskussionsgrundlage dienen könnten, aber auch nach außen das Profil des CJD verdeutlichen sollten. Um als Ausgangspunkt für die Leitlinienentwicklung etwas über das tatsächliche christliche Profil der pädagogischen Arbeit im CJD zu erfahren, wie es von den MitarbeiterInnen wahrgenommen wird, wurde ein vom CJD finanziertes empirisches Forschungsprojekt gestartet. Anders als in der primär an Schülerleistungen orientierten empirischen Untersuchung des Profils von Schulen in christlicher Trägerschaft – u.a. auch CJD-Schulen – durch Claudia Standfest, Annette Scheunpflug und Olaf Köller[7], wurde hier das doppelte Ziel verfolgt, die MitarbeiterInnen des CJD an dem Leitlinien-Entwicklungsprozess zu beteiligen und gleichzeitig *von ihnen* etwas über ihre Alltagstheorien und Erfahrungen bezüglich christlich profilierten pädagogischen Denkens und Handelns zu erfahren. Am sinnvollsten und praktikabelsten erschien hierzu eine Fragebogen-Erhebung unter den ca. 6000 pädagogischen MitarbeiterInnen in den unterschiedlichen Bildungs- und Erziehungseinrichtungen des CJD (Schulen, Ausbildungsstätten, Erziehungseinrichtungen usw.). Die Ergebnisse der Befragung sollten dann im Rahmen von einer Art „Konsultationsprozess" unter den MitarbeiterInnen und mit den LeiterInnen der

---

6 Dem Beirat gehörten an: Prof. Dr. Ernst Hany, Psychologe, Uni Erfurt; Prof. Dr. Dr. h.c. Wolfgang Mitter, Erziehungwissenschaftler, Deutsches Institut für Internationale Pädagogische Forschung Frankfurt; Prof. Dr. Walter Tokarski, Sportpädagoge, Sporthochschule Köln; Prof. Dr. Manfred L. Pirner, Religionspädagoge, PH Ludwigsburg (Vorsitz), sowie für das CJD Dr. mult. Jörg Möller. Ich bedanke mich herzlich für die gute Zusammenarbeit.

7 Vgl. Claudia Standfest, Olaf Köller, Annette Scheunpflug, leben – lernen – glauben. Zur Qualität evangelischer Schulen. Eine empirische Untersuchung über die Leistungsfähigkeit von Schulen in evangelischer Trägerschaft, Münster u.a. 2005. Vgl. auch die Kurzdarstellung in ZPT 58, H. 1, 2006, 21-28.

diversen CJD-Einrichtungen und Organisationseinheiten diskutiert werden, dessen Impulse wiederum in die Entwicklung der Leitlinien eingehen sollten.

2.1 Theoretische Vorüberlegungen

1. Ob eine „christliche Pädagogik" möglich und legitim ist, durfte zunächst (auch unter den CJD-MitarbeiterInnen) als durchaus umstritten gelten. Insbesondere angesichts der oben angesprochenen protestantischen Tradition, nach der Erziehung generell als „weltliches Geschäft" gilt, fragte sich, ob christliche Pädagogik nicht eigentlich mit „guter" Pädagogik gleichzusetzen ist.

Grundsätzlich wird man jedenfalls im Sinn der anvisierten christlichen Profilierung von Pädagogik *nicht nur oder primär nach der Unterscheidbarkeit von „christlicher" und „weltlicher" Pädagogik fragen*, sondern danach, wie die befreiende Botschaft des Evangeliums im pädagogischen Bereich Gestalt gewinnen kann. Bei dieser Suchbewegung können gerade auch (allgemeine) pädagogische, psychologische usw. Einsichten wichtig werden, können eventuell nicht spezifisch religiöse (sondern z.b. soziale) Akzente gesetzt werden und kann „christliche" Pädagogik in manchen Bereichen oder Perspektiven bis zur Ununterscheidbarkeit „weltlicher" (oder anders weltanschaulich bzw. religiös profilierter) Pädagogik ähneln. Deshalb wurde in einem ersten Teil der Untersuchung erst einmal allgemein nach den Zielen pädagogischen Handelns gefragt, die den MitarbeiterInnen besonders wichtig sind sowie danach, ob sie hier einen Unterschied zwischen christlichen und nichtchristlichen Einrichtungen sehen.

2. Das „Christliche" an einer christlichen Pädagogik lässt sich grundsätzlich in unterschiedlichen Bereichen verorten. Es kann die *Begründung* von Pädagogik betreffen (Warum überhaupt erziehen? Warum Bildung vermitteln?); es kann die pädagogischen *Grundlagen* meinen (z.B. das „Menschenbild"); es kann mit den *Zielen* pädagogischen Handelns zu tun haben (z.B. Förderung auch der religiösen Entwicklung); es kann sich auf die pädagogisch vermittelten *Inhalte* und die dabei angewendeten *Methoden* beziehen (z.B. Natur als Schöpfung erschließen; meditativ-spirituelle Formen); es kann aber auch die *Motivation* der Erziehenden im Blick haben oder eine besondere *Beziehungsqualität* und „*Atmosphäre*" im Erziehungs- oder Bildungsprozess.

Darüber hinaus wird das „Christliche" einer christlichen Pädagogik *nicht nur den Bereich intentionaler pädagogischer Handlungen* betreffen, sondern auch den *Bereich des Institutionellen* bzw. der organisatorischen und ökonomischen Strukturen sowie die *Bereiche des zwischenmenschlichen Umgangs*, der Raumökologie usw., und zwar auf allen Ebenen der beteiligten Organisation. Die Untersuchung sollte die Möglichkeit eröffnen, alle die genannten Bereiche mit einzubeziehen.

3. Christliche Pädagogik ist nicht lediglich als ein inhaltlich-normatives Konzept zu verstehen, sondern impliziert aus theologischen (und pädagogischen) Gründen eine *prozesshafte Dimension*: Weil das Bild von Gott ebenso wie das Bild vom Menschen nach christlichem Verständnis um Gottes willen immer offen zu halten ist, und weil angesichts des Wandels von individuellem Leben und sozialer Lebenswelt immer neu nach verantwortbaren Gestalten christlichen Glaubens zu fragen ist, kann auch christliche Pädagogik keine letztgültigen Antworten oder Konzepte entwickeln. Diese notwendige Entwicklungsoffenheit und *Prozesshaftigkeit* des Unternehmens christliche Pädagogik gilt auch ganz konkret für die Situation in pädagogischen Institutionen und Gruppen. Als Besonderheit evangelischer Schulen in freier Trägerschaft hat Martin Schreiner eine *„kontinuierliche Suchbewegung nach der Gestaltwerdung der ‚libertas christiana‘ im alltäglichen Erziehungs- und Bildungsgeschehen"* festgehalten.[8] Solche Suchbewegungen und Diskussionsprozesse können also bereits als Charakteristika für das christliche Profil einer Erziehungs- oder Bildungseinrichtung verstanden werden – nach denen in einer empirischen Erhebung u.a. Ausschau gehalten werden sollte. Allerdings besteht vor allem im protestantischen Bereich manchmal eine vielleicht allzu große Scheu, sich auch inhaltlich zu positionieren und auf normative pädagogische Leitperspektiven zu verständigen. Es wird wohl auf eine angemessene Dialektik zwischen orientierenden Leitgedanken und Prozessoffenheit, zwischen Festlegung und Entwicklungsdynamik ankommen sowie auf Strukturen, die einer solchen Dialektik gerecht werden.

2.2   Forschungsdesign und Basisdaten

Die zentralen Forschungsfragen der Untersuchung waren: „Worin sehen die MitarbeiterInnen des CJD das (christliche) Profil (oder Proprium) ihrer pädagogischen Arbeit?" sowie „Was verstehen die pädagogischen MitarbeiterInnen des CJD unter ‚christlicher Pädagogik‘?" Gemäß dieser offenen, heuristischen Fragestellung hatte die Untersuchung einen explorativen, rekonstruktiven Charakter und war nicht auf die Überprüfung von vorgegebenen theoretischen Hypothesen aus. Es ging bei der Befragung auch nicht primär um eine repräsentative Erhebung der Einstellungen der CJD-MitarbeiterInnen, sondern in erster Linie um das Eruieren von typischen Argumentationsmustern oder charakteristischen Erfahrungen zu dem, was christliche Pädagogik sein kann bzw. was das christliche Profil der pädagogischen Arbeit im CJD ausmachen kann.

---

8   Martin Schreiner, Im Spielraum der Freiheit. Evangelische Schulen als Lernorte christlicher Weltverantwortung, Göttingen 1996, 393.

Um einen möglichst vielfältigen Einblick in die Sichtweisen der MitarbeiterInnen zu erhalten, wurden in den auf quantitative Auswertung angelegten Fragebogen qualitative Elemente aufgenommen: Zu nahezu allen Fragen waren eigene ergänzende Antworten möglich; eine Frage war offen formuliert und forderte zu eigener Textproduktion auf. Die Entwicklung des Fragebogens fand weit gehend bei den Sitzungen des Wissenschaftlichen Beirats statt. Ein Pre-Test unter MitarbeiterInnen der Arnold-Dannenmann-Akademie des CJD ermöglichte die Verbesserung und weitere Ausarbeitung des Fragebogens, der dann Anfang Juni 2004 an die ca. 6000 pädagogischen MitarbeiterInnen des CJD deutschlandweit verschickt wurde. Der Rücklauf betrug 936 Fragebögen und somit 15,6 Prozent. Die Auswertung erfolgte weit gehend an der Pädagogischen Hochschule Ludwigsburg unter meiner Leitung und in Kooperation mit den anderen Beiratsmitgliedern. Neben der SPSS-gestützten quantitativen Datenanalyse wurde für die Auswertung der offenen Frage (Nr. 17) das Verfahren der qualitativen Inhaltsanalyse nach Mayring eingesetzt.[9]

Man wird davon ausgehen können, dass die Einschätzung einer christlichen Pädagogik erheblich von persönlichen Faktoren, insbesondere im Bereich der eigenen Religiosität, abhängt. Insofern war die Erhebung der persönlichen Daten der Befragten von besonderer Bedeutung. Die 936 Respondenten sind zu etwas höherem Prozentsatz weiblich (53,3%, gegenüber 45,0% männlich) und überwiegend zwischen 36-50 Jahren alt. Die beiden am häufigsten vertretenen Berufsgruppen sind mit 23,4% die SozialpädagogInnen und mit 22,4% die LehrerInnen. Es folgen ErzieherInnen (17,0%), AusbilderInnen (12,7%) und LeiterInnen (9,0%); PraxisanleiterInnen und PsychologInnen bilden eine Minderheit (2,0% bzw. 2,2%). Von den Befragten gehören weiter über die Hälfte der evangelischen Kirche an (59,9%), nur 28,4% der katholischen Kirche, wenige sind freikirchlich gebunden (2,8%). Immerhin 5,8% der MitarbeiterInnen gehören gar keiner Kirche an.

Aufschlussreich sind die Ergebnisse zu Fragen des persönlichen Glaubens, zunächst „Glauben Sie, dass es einen Gott gibt?" und „Glauben Sie an ein Leben nach dem Tod?". Bei der Frage nach dem Gottesglauben liegt der Anteil der Ja-Antworten unter den Befragten nur wenig höher als im allgemeinen Bundesdurchschnitt der Gesamtbevölkerung, beim Glauben an ein Leben nach dem Tod sogar leicht darunter: Nach einer Emnid-Umfrage im Auftrag von „Reader's Digest" (24.02.2005) glauben 65% der Deutschen an (einen) Gott (CJD-MitarbeiterInnen: 67,6%), 58% an ein Leben nach dem Tod (CJD-MitarbeiterInnen: 51,1%).

Mit der Frage „Was bedeutet die Bibel für Sie?" sollte erhoben werde, wie hoch angesichts einer gewissen Nähe des CJD zu evangelikalen Gruppierungen (z.B.

---

9   Vgl. Philipp Mayring, Qualitative Inhaltsanalyse. Grundlagen und Techniken, Weinheim, 8. Aufl. 2003.

CVJM) der Anteil von „bibeltreuen" ChristInnen unter den CJD-MitarbeiterInnen ist. Es zeigte sich, dass etwa ein Viertel der Befragten zu einem evangelikalen bis fundamentalistischen Bibelverständnis tendieren, während eine kräftige Mehrheit eher einem aufgeklärten Bibelverständnis zuneigt. Zusammenfassend lässt sich sagen, dass die befragten CJD-MitarbeiterInnen von ihren religiösen Einstellungen her offensichtlich nicht so weit von durchschnittlichen BundesbürgerInnen entfernt sind wie man hätte annehmen können. Höher liegt mit etwa einem Viertel der Befragten der Anteil von „evangelikalen" ChristInnen, dem eine noch etwas größere Gruppe (ca. ein Drittel der Befragten) von „Nichtgläubigen" bzw. Zweifelnd-Unsicheren gegenüber steht, während die restlichen ca. 40% einen wie auch immer gearteten Glauben an Gott bei einem gleichzeitig „liberalen" Bibelverständnis aufweisen.

3 Zentrale Ergebnisse

3.1 Zentrale Ergebnisse I: Gibt es ein christliches Profil?

In den ersten beiden Fragen sollte noch nicht ausdrücklich nach einem christlichen Profil gefragt werden, sondern allgemeiner nach den pädagogischen Zielen und Bereichen, die den MitarbeiterInnen wichtig sind. Interessant war hierbei, dass durchweg soziale Aspekte am höchsten bewertet wurden, während religiöse Aspekte randständig blieben. So führt etwa die Option „Toleranz gegenüber anderen" das Ranking der pädagogischen Ziele an, und in einer Faktorenanalyse erwiesen sich vor allem Ziele im Bereich der Dimension „Solidarität" als besonders zentral. Die beiden angebotenen Zielbestimmungen „Glaube" und „religiöse Orientierung" werden beide überwiegend als weniger wichtig angesehen, und zwar auch von den „gottgläubigen" Befragten. In ähnlicher Weise wird unter den angebotenen pädagogischen Bereichen der Bereich der religiösen Bildung von allen am wenigsten wichtig eingestuft, während ganz oben die ethisch-moralische, sprachliche und sportliche Bildung rangieren. Hier das Ranking mit den absoluten Zahlen der Nennungen als „äußerst wichtig" und „sehr wichtig":

1. Ethisch-moralische Bildung (729)
2. Sprachliche Bildung (702)
3. Körperlich-sportliche Bildung (545)
4. Politische Bildung (485)
5. Mathematische Bildung (461)
6. Geschichtlich-kulturelle Bildung (440)

7. Musisch-ästhetische Bildung (419)
8. Naturwissenschaftliche Bildung (411)
9. Technische Bildung (410)
10. Wirtschaftliche Bildung (390)
11. Religiöse Bildung (379)
12. Andere (65)

Allerdings rückt bei dieser Frage die religiöse Bildung *unter den befragten „Gott-gläubigen" sehr viel weiter nach oben an die vierte Stelle* (die ersten drei Positionen bleiben gleich). Die Befunde werden verständlicher, wenn man sich vergegenwärtigt, dass die primäre Zielgruppe der Erziehungs- und Bildungsmaßnahmen im CJD *sozial benachteiligte* Kinder und Jugendliche darstellen, für die es in erster Linie darum geht, selbstständig leben und Zusammenleben zu lernen. Trotzdem bleibt eine gewisse Spannung zwischen der programmatisch christlichen Ausrichtung des CJD und der durchschnittlichen Minderbewertung der religiösen Bildung durch die MitarbeiterInnen.

In einer weiteren Frage wurde nun ausdrücklich danach gefragt, welche (vorgegebenen) Merkmale in einer „christlich geprägten pädagogischen Einrichtung" wie dem CJD besonders stark ausgeprägt sein sollten, sowie ob diese Ausprägung im Vergleich zu einer „nicht christlich orientierten" Einrichtung stärker sein sollte. Auch hier dominierten Merkmale im sozialen Bereich („Wertschätzung und unbedingtes Annehmen der Betreuten und Ratsuchenden", „besonderes Engagement für Benachteiligte", „Achtung der KollegInnen und kooperativer Umgang", u.ä.), wobei kaum Unterschiede zu nicht-christlichen Einrichtungen markiert wurden. Die Befunde lassen sich zunächst einmal so interpretieren, dass das christliche Profil pädagogischer Arbeit stark in der ethischen-sozialen Dimension des „Christlichen" gesehen wird („Nächstenliebe", Einsatz für Benachteiligte). Damit kommt einerseits das zentrale Überschneidungsfeld von christlichen und nichtchristlichen Perspektiven in den Blick: Das christliche Profil unterscheidet sich im Wesentlichen kaum von allgemeinen humanistisch-sozialen Vorstellungen. Andererseits wäre aus spezifisch christlicher Sicht christliche Pädagogik primär diakonisch orientiert: Es geht ihr vorrangig um das, was Kinder und Jugendliche zum Leben brauchen, und nicht etwa um religiöse Erziehung oder Bildung. Die (allerdings nur leichte) Aufwertung von religiöser Bildung durch „gottgläubige" Befragte kann man so verstehen, dass für sie Religion zu den Dingen gehört, die Heranwachsende zum Leben brauchen (können). Dennoch scheinen die Befunde in ihrer Tendenz zunächst einmal die Vorüberlegungen zu bestätigen, nach denen in vielen Bereichen mit der Ununterscheidbarkeit zwischen christlicher und nichtchristlicher Pädagogik zu rechnen ist. Gibt es also, jedenfalls auch der Sicht der Praxis, kein spezielles Profil oder Proprium christlicher Pädagogik?

3.2 Zentrale Ergebnisse II: Was ist christliche Pädagogik?

Die theoretischen Vorüberlegungen wurden hierzu in die Aufgabenstellung über-führt, Satzfortsetzungen mit einer vierstufigen Skala (trifft voll zu – trifft eher zu – trifft eher nicht zu – trifft nicht zu) zu bewerten. Dabei ergab sich folgende Rang-ordnung nach den höchsten Zustimmungen (die Zahlen geben die jeweils zusam-mengefassten Nennungen von „trifft zu" und „trifft eher zu" an):

„Christliche Pädagogik" ist für mich vor allem …

1. … eine Pädagogik, die sich in ihren *Zielen und Me-thoden* vom christlichen Menschenbild leiten lässt. (831)
2. … eine Pädagogik, die sich besonders den *Benach-teiligten* zuwendet. (735)
3. … eine Pädagogik, deren Besonderheit sich in der *persönlichen Beziehung* zwischen Pädago-gen/Pädagogin und Heranwachsenden zeigt. (692)
4. … eine christlich *begründete* Pädagogik (z.B.: He-ranwachsende müssen durch Erziehung und Bildung gefördert werden, weil Gott ihnen Begabungen ge-schenkt hat). (614)
5. … *gute* Pädagogik. Das „Christliche" zeigt sich in erster Linie in der *Qualität* der pädagogischen Ar-beit. (604)
6. … eine christlich *motivierte* Pädagogik: PädagogIn-nen tun ihre Arbeit aus christlicher Motivation her-aus. (561)
7. … eine Pädagogik, die von ChristInnen praktiziert wird. PädagogInnen in einer christlich-pädagogischen Einrichtung *sollten deshalb selbst Christen sein.* (532)
8. … eine Pädagogik, in der die Vermittlung von religi-ösen Inhalten (z.B. biblischen Geschichten) und reli-giösen Verhaltensweisen (z.B. Beten) eine zentrale Rolle spielt. (387)
9. *(eigener Gedanke):* …_____ (100)

Deutlich ist, dass mit den ersten beiden Punkten diejenigen Aussagen am meisten Zustimmung gefunden haben, die auch in Programm und Außendarstellung des CJD besonders betont werden: das christliche Menschenbild und der Einsatz für

Benachteiligte unter den beiden Leitsätzen „Keiner darf verloren gehen" und „Jedem seine Chance". Der Begriff „christliches Menschenbild" stellt offensichtlich einen wichtigen Konsensbegriff dar, der auch bei 71,6% derjenigen Befragten, die nicht an Gott glauben, Zustimmung gefunden hat (von den „Gottgläubigen" waren es 92,1%). Als solcher Konsensbegriff lässt er sich im Sinne des „gesellschaftlichen Christentums" (nach Dietrich Rössler)[10] verstehen oder, mit einer noch weiteren Perspektive, als Ausdruck von „Zivilreligion".[11]

Gegenüber dem „christlichen Menschenbild" treten in den Antwortoptionen christliche Begründung, Motivation und eigene christliche Überzeugung etwas zurück, die Vermittlung von religiösen Inhalten und Verhaltensweisen spielt die geringste Rolle. Immerhin wird von der überwältigenden Mehrheit der Befragten ein spezifisches christliches Profil von christlicher Pädagogik benannt, während ihre allgemeine Bestimmung als „gute" Pädagogik nur im Mittelfeld des Rankings landet.

Der relativ geringen Bewertung des eigenen Christseins für eine christliche Pädagogik bei den Gesamthäufigkeiten entsprechen einige Anmerkungen unter der Rubrik „eigener Gedanke". So schreibt ein Befragter: „Bei der Zusammenarbeit mit Behinderten (u.a.) kann das christliche Menschenbild auch ohne Kirchenzugehörigkeit umgesetzt werden." Eine andere Äußerung geht in eine ähnliche Richtung: „Man muss nicht Christ sein, um eine christliche Pädagogik zu überbringen." Solche und analoge Auffassungen zeigten sich v.a. auch in den Texten zur offenen Frage Nr. 17 (s. unten). Dort findet sich allerdings auch die gegenteilige Ansicht, nämlich dass die eigene christliche Überzeugung und der selbst gelebte Glaube unabdingbar für ein christlich profiliertes pädagogisches Handeln seien. Zumindest wird deutlich, dass zentrale Leitgedanken einer christlichen Pädagogik auch von nicht „gottgläubigen" MitarbeiterInnen akzeptiert und als Orientierung-gebend für ihr eigenes pädagogisches Handeln geschätzt werden können.

Da Begriffe wie „christliches Menschenbild" oder „christliche Werte", die in pädagogischen Diskussionszusammenhängen häufig gebraucht werden, in der Regel eher unscharf und schwammig bleiben, sollte eine weitere Frage konkretere inhaltliche Grundaussagen des christlichen Glaubens zur Beurteilung vorlegen. Wie-

---

10 Dietrich Rössler führte in seinem „Grundriss der Praktischen Theologie" (Berlin u.a. 1986, 2. erw. Aufl. 1994) die inzwischen vielfach aufgenommene Unterscheidung zwischen einem „kirchlichen", einem „gesellschaftlichen" und einem „persönlichen" Christentum ein. Den Hinweis auf diese mögliche Verortung des „christlichen Menschenbildes" verdanke ich Karl Ernst Nipkow.

11 Vgl. z.B. Rolf Schieder, Civil religion. Die religiöse Dimension der politischen Kultur, Gütersloh 1987; Wolfgang Vögele, Zivilreligion in der Bundesrepublik Deutschland, Gütersloh 1994.

der sind im Folgenden die Aussagen nach der Häufigkeit der zustimmenden Urteile sortiert (die Zahlen beziehen sich diesmal auf das Urteil „trifft voll zu"):

Diese Grundaussage des christlichen Glaubens gibt mir Orientierung für meine pädagogische Arbeit.

1) Vor Gott sind alle Menschen gleich. (640)
2) Der Mensch ist ein Geschöpf Gottes. (480)
3) Der Mensch ist vor Gott verantwortlich für alles, was er tut. (349)
4) Die Zehn Gebote. (345)
5) Gott kennt jeden Menschen und hat etwas mit seinem Leben vor. (337)
6) Die Erfahrung der liebenden Zuwendung Gottes gibt dem Glaubenden die Kraft, sich anderen zuzuwenden. (291)
7) Gott steht auf der Seite der Benachteiligten, der Außenseiter und Verlorenen. (287)
8) Du sollst Gott deinen Herrn lieben von ganzem Herzen und von ganzer Seele und deinen Nächsten wie dich selbst. (248)
9) Der Glaubende ist durch Christus mit Gott versöhnt (Gott nimmt die Sünder an). (230)
10) Die Glaubenden werden nicht im Tod bleiben, sondern auferstehen. (213)
11) Der Glaubende kann leben aus der Hoffnung auf Gottes Reich, in dem es kein Leid und keine Tränen mehr geben wird. (173)
12) Der Mensch ist Ebenbild Gottes. (170)
13) Der Mensch ist Sünder. (152)
(Weitere Grundaussage:) _____ (60)

Verwendet man systematisch-theologische Kategorien als Interpretationshilfen für diesen Befund, so lässt sich sagen, dass die Schöpfungstheologie bzw. die Natürliche Theologie deutlich präferiert wird („Vor Gott sind alle Menschen gleich". „Der Mensch ist ein Geschöpf Gottes".) Es folgt die Ethik bzw. das „Gesetz" („Der Mensch ist vor Gott verantwortlich für alles, was er tut." „Die Zehn Gebote"), und erst dann kommt die Erlösungs- oder Gnadentheologie in den Blick („Gott kennt jeden Menschen und hat etwas mit seinem Leben vor." „Die Erfahrung der liebenden Zuwendung Gottes gibt dem Glaubenden Kraft, sich anderen zuzuwenden.") Man könnte vermuten, dass hier wieder ein „Kompromissergebnis" zwischen „Gottgläubigen" und „Nichtgläubigen" vorliegt; es zeigt sich aber, dass auch bei ersteren sich die Reihenfolge nur unwesentlich ändert (Position 8 wird zu 3, und 5 kommt vor 4). Zu bedenken ist dabei allerdings, dass nicht nach dem eigenen Glauben gefragt war, sondern nach der Orientierung gebenden Kraft dieser Aussagen *für die eigene pädagogische Arbeit*. Dennoch kann es aus theologischer Sicht als irritierend empfunden werden, dass die zentralen christlichen Gnadenzusagen (das „Evangelium") offensichtlich für die Befragten nicht die orientierende Kraft entfalten wie die eher allgemeinen und mit der vorherrschenden *Common sense*-Sicht des Menschen am ehesten kompatiblen Aussagen über die Gleichheit und das Geschöpfsein der Menschen sowie die ethischen Aussagen. Auch die Minderbewertung der eschatologischen Aussagen sowie der Beschreibung des Menschen als Sünder lässt sich als Ausdruck allgemeiner gesellschaftlicher Tendenzen verstehen: Die meisten unserer Zeitgenossen haben mit diesen Glaubensaussagen bekanntlich massive Probleme. Dagegen ist die geringe Wertschätzung der „Ebenbild-Gottes"-Aussage – gerade angesichts ihrer Bedeutung in der Geschichte der Pädagogik und in der gegenwärtigen Diskussion – nur schwer nachvollziehbar; offensichtlich gibt es auch hier Verständnisprobleme und Bildungsdefizite, die man leicht unterschätzt.

3.3   Zentrale Ergebnisse III: Eigene Erfahrungen

Eigene Erfahrungen und Perspektiven der CJD-MitarbeiterInnen sollten v.a. durch die offene Frage (Nr. 17) erhoben werden. Sie lautete: „Welche Erfahrungen haben Sie zum besonderen (christlichen?) Profil Ihrer pädagogischen Arbeit im CJD? Gab es Situationen, in denen Ihnen dieses Profil besonders bewusst oder besonders fraglich geworden ist. Es wäre schön, wenn Sie dazu einige Zeilen schreiben könnten." Von den 936 Befragten haben 283 Personen verwertbare Äußerungen abgegeben. Im Folgenden können die wichtigsten Ergebnisse nur sehr grob umrissen werden.

Die Bereiche, die am häufigsten thematisiert wurden, betrafen das oft als spannungsvoll empfundene Verhältnis von Organisationsstruktur (ökonomische Rationalität, Leitungsstrukturen) und (christlich-)pädagogischem Ideal. Exemplarische Äußerung: „Oft habe ich das Gefühl, dass Geld zählt und das Christliche auf der Strecke bleibt." Hier bestätigt sich die Vorüberlegung zur nötigen Kompatibilität zwischen den institutionellen Strukturen sowie der Unternehmenskultur auf der einen und den pädagogischen Zielen auf der anderen Seite. Eine solche wurde allerdings auch von einer größeren Zahl der Befragten positiv festgestellt, die dem CJD eine menschlichere Atmosphäre bescheinigten als anderen, nicht christlich orientierten Unternehmen. Als entscheidend wichtig erweist sich hierbei nach den analysierten Texten die „Kommunikationskultur", d.h. die Intensität, Transparenz und Menschlichkeit des kommunikativen Umgangs zwischen LeiterInnen und MitarbeiterInnen sowie unter den MitarbeiterInnen.[12]

---

12 Dieser Aspekt wird auch in wirtschaftsethischen Überlegungen betont. Vgl. z.B. Ulrich Hemel, Wert und Werte. Ethik für Manager – ein Leitfaden für die Praxis, München 2005.

Ebenfalls relativ häufig wurde das christliche Profil des CJD selbst zum Thema gemacht. Mehrfach betonen Befragte, dass ihnen dieses Profil wichtig ist und sie dankbar sind, in einer „christlichen" Einrichtung zu arbeiten. Andererseits gibt es einen gewissen Dissens zwischen einer Anzahl von MitarbeiterInnen, die sich ein deutlicheres christliches Profil des CJD wünschen und einer etwa ebenso großen Anzahl, denen dieses Profil zu sehr im Vordergrund steht. Eingefordert wird immer wieder, das *persönliche Leben* der MitarbeiterInnen müsse dem christlichen Profil entsprechen, wenn es im pädagogischen Handeln wirksam werden soll, weil sonst die Gefahr einer heuchlerischen Christlichkeit entstehe. Eingefordert wird ebenso die *wechselseitige Toleranz* zwischen stärker christlich orientierten und nicht christlich orientierten MitarbeiterInnen, damit die Zusammenarbeit zum Wohl der anvertrauten Heranwachsenden gelingt.

4 Ausblick: Konturen und Probleme einer christlichen Pädagogik im Pluralismus

Die empirische Untersuchung hat m.E. eindrucksvoll mögliche Konturen und Probleme einer christlichen Pädagogik im Pluralismus deutlich werden lassen. Eine starke Mehrheit der Befragten war davon überzeugt, *dass* es ein spezifisches christliches Profil pädagogischen Handelns geben kann und dass ein solches Profil sich in unserer pluralistischen Gesellschaft als wertvoll und sinnvoll erweist. Dass christliche Pädagogik selbst plural ist und es keine christliche „Einheitspädagogik" geben kann und braucht, hat sich erwartungsgemäß in den teilweise sehr unterschiedlichen Akzentuierungen der Befragten gezeigt. Es wurde aber auch erkennbar, dass sich sehr wohl christlich-pädagogische Grundlinien finden lassen, die für ChristInnen mehrheitlich konsensfähig und auch für „religiös Unmusikalische" nachvollziehbar, zustimmungsfähig und hilfreich sein können.

Dies gilt zunächst einmal für die überwältigende Übereinstimmung bezüglich der primär *sozial-diakonischen Ausrichtung* einer christlichen Pädagogik, die m.E. uneingeschränkt zu begrüßen ist; sie ist auch in der Diskussion um das Profil kirchlicher Schulen immer wieder zu Recht programmatisch betont worden und entspricht dem altruistischen Kern christlichen Glaubens, wie er sich in Gebot und Praxis der Nächstenliebe ausdrückt. Weiterhin wird die *Orientierung am „christlichen Menschenbild" oder an „christlichen Werten"* überwiegend bejaht, bleibt allerdings auch zum großen Teil oberflächlich und scheint häufig im Licht allgemeiner humanistischer und demokratisch-menschenrechtlicher Normen interpretiert zu werden. Offensichtlich ist es unter den Bedingungen unserer gegenwärtigen pluralisierten und teilweise säkularisierten Gesellschaft schwer, oder bislang jedenfalls noch zu wenig gelungen, die *pädagogische Relevanz von manchen Grundaussagen des christlichen Glaubens (Rechtfertigung, eschatologische Hoffnung, Sünde)* zu erschließen. Hier liegen sicher künftige Aufgaben zur (Weiter-)Entwicklung und Kommunikation von christlich-pädagogischen Perspektiven.

Als weiter klärungs- und erläuterungsbedürftig, selbst für „gottgläubige" PädagogInnen, hat sich darüber hinaus die *Stellung von religiöser Bildung innerhalb einer christlichen Pädagogik* erwiesen. Auch dieser Befund spiegelt sich in der Problemwahrnehmung im wissenschaftlichen Diskurs.[13]

Die Kontroverse unter den Befragten, inwieweit die an christlich-pädagogischen Grundsätzen orientierten PädagogInnen selbst gläubige ChristInnen sein sollen, zeigt ein prinzipielles Problem christlicher Pädagogik in einer pluralistischen Gesellschaft an. Während der *intentionale und materiale* Aspekt christlicher Pädagogik, also ihre Zielhorizonte und Inhalte, grundsätzlich auch für Nichtglaubende zustimmungsfähig sind und Orientierung geben können, bringt die Bindung an die eigene religiöse Einstellung der PädagogInnen, die man als *personalen* Aspekt christlicher Pädagogik bezeichnen könnte, eine nicht unproblematische Exklusivität mit sich. Im Hintergrund steht dabei die – sicherlich wichtige – Einsicht, dass einerseits authentisches Vorleben ein ganz wesentliches Wirkungsmoment pädagogischer Arbeit beschreibt und andererseits das pädagogisch zu fordernde Einbringen der Pädagogen-Persönlichkeit in den Erziehungs- und Bildungsprozess immer auch die eigenen Motivationen für die Arbeit sowie die tragenden ideellen Grundlagen des eigenen Lebens deutlich werden lässt. Das Problem für eine christlich ausgerichtete Bildungseinrichtung ist, dass aus theologischen, aber auch psychologischen und gesellschaftlichen Gründen „Glaube" nicht verpflichtend eingefordert werden kann und äußere Merkmale wie z.B. Kirchenzugehörigkeit keine verlässlichen Indikatoren sind. Allerdings kann m.E. die Selbstverpflichtung auf Grundsätze einer christlichen Pädagogik *gemeinsam mit* der durch die Kirchenzugehörigkeit zumindest signalisierten positiven Grundhaltung gegenüber dem christlichen Glauben als tragfähige Basis für die Zusammenarbeit in einer christlichen Einrichtung gelten.

Bestätigt hat sich durch die Untersuchung die große Bedeutung des *Zusammenhangs von pädagogischem Handeln, sozialem Miteinander und organisatorisch-institutionellen Rahmenbedingungen.* Konzepte einer christlichen Pädagogik werden sich bemühen müssen, alle drei Bereiche in ihre Überlegungen mit einzubeziehen. Pädagogische, sozialpsychologische und organisationspädagogische bzw. unternehmensethische Perspektiven müssten so auf einander sowie auf theologische

---

13 So verweist z.B. K.E. Nipkow darauf, dass dem Religionsunterricht im Diskurs zu kirchlichen Schulen bislang kaum die eigentlich zu erwartende Aufmerksamkeit gewidmet worden ist. Vgl. Karl Ernst Nipkow, Religionsunterricht an evangelischen Schulen – Herausforderungen und Chancen, in: ZPT 58, H. 1 2006, 28-37, hier: 29.

Perspektiven bezogen werden, dass dennoch auch den eigenen Rationalitäten der unterschiedlichen Bereiche Rechnung getragen wird. Eine wichtige Hilfe dabei kann m.E. die Orientierung an einem christlich profilierten *Kommunikationsverständnis* sein, wie es in den theologischen Diskursen beider Konfessionen entfaltet worden ist.[14]

---

14 Vgl. exemplarisch: Päpstliche Kommission für die Instrumente der sozialen Kommunikation, Pastoralinstruktion Communio et Progressio über die Instrumente der sozialen Kommunikation, (u.a.) in: Kirche und Publizistik o. Jg., 1972, 129-199; Heinrich Bedford-Strohm, Gemeinschaft aus kommunikativer Freiheit. Sozialer Zusammenhalt in der modernen Gesellschaft. Ein theologischer Beitrag, Gütersloh 1999.

Grundlegende Einsichten verwirklichen – Überlegungen zur Profilierung christlicher Schulen als Bildungsorte

Michael Domsgen

1   Einleitung

Christliche Schulen haben momentan Hochkonjunktur. Vor allem in Ostdeutschland werden sie verstärkt gegründet. Die Resonanz darauf unter Eltern und Schülern ist gut. Oft übersteigen die Anmeldungen die Zahl der vorhandenen Plätze. Die Beweggründe dafür sind vielfältig und nicht einfach auf einen Nenner zu bringen. Ob sich Eltern und deren Kinder „wegen" oder „trotz" der christlichen Prägung für diese Schulen entscheiden, ist nicht immer sofort einsichtig. Die Frage der Motivation soll in diesem Beitrag auch nicht näher bedacht werden. Vielmehr ist an dieser Stelle auf die Herausforderung hinzuweisen, die diesem Befund innewohnt. Christliche Schulen bieten Schülern und Eltern die Chance, die lebensbegleitende und -erneuernde Kraft christlichen Glaubens kennen zu lernen und dies nicht nur im kritischen Diskurs, sozusagen aus zweiter Hand, sondern unmittelbar im Erleben einer derart geprägten Schulgemeinschaft. Dies ist weitgehend unstrittig. Die entscheidende Frage ist jedoch, wie dies realisiert werden kann, wie sich theologische und pädagogische Argumentationslinien zusammenführen lassen, ohne dass hier Theologie oder Pädagogik funktionalisiert werden. Wie können sich christliche Schulen als Bildungsorte profilieren? Das ist die zentrale Frage, der in diesem Beitrag nachgegangen werden soll.

Dabei ist gleich eingangs auf eine grundlegende Einsicht hinzuweisen: Christliche Bildung ist genau betrachtet ein Widerspruch in sich selbst.[1] Denn mit dem Bildungsbegriff wird nicht nur ein inhaltlich bestimmter Teilbereich in den Blick genommen, sondern die gelingende Subjektwerdung insgesamt. Bildung ist auf die Menschwerdung des Menschen gerichtet, zielt also auf den ganzen Menschen und steht deshalb für die Gesamtheit aller Lernprozesse, wobei hier ein Schwerpunkt auf der Selbsttätigkeit des Lernenden liegt. Vor diesem Hintergrund wird deutlich, dass eine nähere Spezifizierung, etwa im Sinne einer christlichen, musischen oder

---

1   Vgl. Christian Grethlein, Lernorte religiöser Bildung, in: Reinhard Schmidt-Rost, Norbert Dennerlein, Udo Hahn (Hg.), Profilierte Bildung – Der Beitrag der christlichen Kirchen zu den Bildungsaufgaben Gegenwart, Hannover 2006, 29-45, 29.

sprachlichen Bildung problematisch ist. „Sie lässt sich nur situativ dadurch recht-
fertigen, dass im allgemeinen Bildungsverständnis ein Aspekt zurückzutreten droht
oder gar übersehen wird – und dass dessen Bedeutung für ‚Bildung' nachdrücklich
reklamiert wird."[2] So betrachtet wird von vornherein deutlich, dass der christliche
Glaube als besondere Praxis menschlichen Lebens zur Bildung gehört. Diese Einsicht, die an öffentlichen Schulen ins Hintertreffen geraten kann und auch gerät,
soll an christlichen Schulen voll zur Entfaltung kommen. Damit dies gelingt, ist es
unerlässlich, sich grundlegender Einsichten aus der christlichen Tradition zu erinnern.

2 Grundlegende Einsichten erinnern

Es gibt unterschiedliche Ansätze in der Profilierung eines christlichen Bildungsverständnisses.[3] So misst der Katholizismus der Kirche als „bildende Kraft" eine wesentlich größere Bedeutung bei als der Protestantismus, obwohl beide im Grundsatz
Bildung und Schule hoch bewerten. Aber auch innerhalb der evangelischen Tradition finden sich unterschiedliche Schwerpunktsetzungen.[4]

Wenn nun nach grundlegenden Einsichten aus der christlichen Tradition gesucht wird, geschieht das aus einer evangelischen Perspektive, die „die Offenheit
für rein weltliche Pädagogik mit theologischer Kritikfähigkeit"[5] verbinden will,
also von einer Gleichberechtigung von Pädagogik und Theologie ausgeht.

2.1 Der Mensch als Ebenbild Gottes und die Unverfügbarkeit
      der Schülerinnen und Schüler

Nach christlichem Verständnis ist der Mensch erst dann hinreichend als Mensch
erfasst, wenn er in seinem Gottesbezug wahrgenommen wird. Grundlegend ist hier
die biblische Lehre von der Geschöpflichkeit des Menschen und dabei besonders
seiner Gottesebenbildlichkeit (Gen 1, 26f.). Aus der Sicht evangelischer Theologie
wird der Mensch als Ebenbild Gottes nicht durch bestimmte Eigenschaften definiert, die er besitzt oder erwerben soll, sondern durch die Art der Beziehungen, zu

---

2 Ebd.
3 Vgl. zum Folgenden: Michael Domsgen, Wie Religion bildet – mit Glauben Schule machen.
   Zur Profilierung christlicher Schulen – ein Beitrag aus evangelischer Perspektive, in: Zeitschrift für Pädagogik und Theologie 59, 2007, 155-169.
4 Vgl. Friedrich Schweitzer, Bildung und Bildungsverständnis in evangelischen Schulen, in:
   Christoph Th. Scheilke, Martin Schreiner (Hg.), Handbuch Evangelische Schulen, Gütersloh
   1999, 121-130, 123.
5 Ebd.

denen er bestimmt ist, also durch Beziehungen zu Gott, zu den Mitmenschen und Mitkreaturen sowie zu sich selbst. Anders als alle anderen Geschöpfe ist der Mensch zum Gegenüber Gottes in Freiheit und Verantwortung bestimmt.[6]

Die Rede vom Ebenbild Gottes impliziert also, dass der Mensch frei sein muss, um Gottes Zuwendung erwidern zu können. Er ist nicht von vornherein auf ein bestimmtes Bild festzulegen, so wie auch Gott nicht auf ein bestimmtes Bild zu reduzieren ist. Das alttestamentliche Bilderverbot (Ex 20, 4) will die Fixierung auf bestimmte Bilder und Vorstellungen verhindern, damit das Gottesbild nicht selbst zum Gott wird. Gottesbilder wollen hinausweisen auf das Geheimnis der Nähe und Liebe Gottes. Sie sollen nicht einengen, sondern den Blick weiten. Von dieser Maßgabe sollten sich auch unsere Bilder vom Menschen leiten lassen. „Als freie Person ist der Mensch keine feststellbare Sache. Der Unverfügbarkeit Gottes korrespondiert die Unverfügbarkeit des Subjekts."[7] Deshalb ist kein Bildungsprozess ohne Freiheit denkbar. Die Rede vom Menschen als Geschöpf und Ebenbild Gottes erinnert eindringlich daran, dass menschliche Existenz nicht sich selbst verdankt und letztlich unverfügbar bleibt. Die Achtung vor der „Unverfügbarkeit des Ebenbilds Gottes setzt dessen Freiheit voraus und es strebt als Ziel von Bildung und Erziehung allererst die Befähigung zur Freiheit an."[8]

2.2   Der Mensch als Gerechtfertigter und die Würde der Schülerinnen und Schüler

Eine neue wichtige Perspektive tut sich auf, wenn man auf Gedanken der Rechtfertigung des Gottlosen zurückgreift, die besonders von Martin Luther formuliert wurden. Diese theologischen Aussagen versuchen, das Verhältnis zwischen Gott und Mensch auf dem Hintergrund des Lebens und Wirkens Jesu angemessen zu beschreiben. Der Mensch kommt dabei als eine Person zur Sprache, die (allein in Jesus Christus [solus Christus], allein aus Gnade [sola gratia], allein aus dem Wort [solo verbo], allein durch den Glauben [sola fide]) von seinen Werken unterschieden wird und gerade deshalb auf seine Werke ansprechbar ist. Klargestellt werden soll, dass der Mensch sich durch seine Leistungen kein Heil verdienen kann, denn die Beziehung Gottes zum Menschen hat immer den Charakter ungeschuldeter Lie-

---

6   Vgl. Wilfried Härle, Zeitgemäße Bildung auf der Grundlage des christlichen Menschenbildes, in: Karl Ernst Nipkow, Volker Elsenbast, Werner Kast (Hg.), Verantwortung für Schule und Kirche in gesellschaftlichen Umbrüchen. Festschrift für Karl Heinz Potthast zum 80. Geburtstag, München, Berlin 2004, 69-81, 75f.

7   Bernhard Dressler, Menschen bilden? Theologische Einsprüche gegen pädagogische Menschenbilder, in: EvTh 63, 2003, 261-271, 264f.

8   B. Dressler 2003, 267.

be, Barmherzigkeit und Gnade. Das, was dem Menschen zum Ansprechpartner Gottes macht, ist nicht das, was er in sich trägt, sondern das, was ihm von Gott her als Heil, als Rechtfertigung zuteil wird.

Was bedeutet das für den Prozess der Bildung, der als Prozess der Subjektwerdung des Menschen in der Gesellschaft verstanden wird, also als ein ständiges Freilegen der ihm gewährten Möglichkeiten? „Diesem Prozess bleibt das Personsein als Grund der menschlichen Freiheit und Selbstbestimmung stets voraus. *Subjekt muss der Mensch im Prozess seiner Bildung erst werden, Person ist er immer schon.* Bildung ist also Folgephänomen des Personseins."[9] Person und Subjekt sind zu unterscheiden. Das Personsein hat der Mensch schon immer, „während er Subjekt erst *werden* muss. ... Aufgrund des Personseins hat der Mensch das Vermögen, Subjekt sein zu können. *Dieses Vermögen ist im Prozess der Bildung (Menschwerdung) je neu zu realisieren.*"[10] Eine solche Sichtweise begrenzt den Zugriff der Pädagogik auf die Schülerinnen und Schüler. Zwischen der Würde des Menschen und seinen Überzeugungen und Werken ist zu unterscheiden.

Der gerechtfertige Mensch ist nach evangelischem Verständnis „Sünder und Gerechter zugleich". Sein Anerkanntsein bei Gott beruht nicht auf einer besonderen moralischen Qualität, die es zu entfalten gäbe. Die Perspektive des Menschen als Geschöpf, als Ebenbild Gottes, als von Gott gerechtfertigte Person setzt dem pädagogischen Bemühen eine Grenze. Damit wird der „Instrumentalisierung des Lebens" ebenso gewehrt „wie den Vollkommenheitsidealen menschlichen Gebildetseins."[11]

2.3 Gottes Zuspruch und Anspruch und die Profilierung des pädagogischen Verhältnisses

Die Sicht auf den Menschen in seiner Beziehung zu Gott eröffnet auch neue Perspektiven in der Gestaltung des pädagogischen Verhältnisses. Die Ansprüche, die Gott an den Menschen stellt, basieren stets auf seiner liebevollen Zuwendung. So beginnen die Zehn Gebote mit der liebevollen Selbstvorstellung Gottes: „Ich bin der Herr, dein Gott". Erst dann folgen die Konsequenzen daraus. Auch im Neuen Testament zeigt sich diese Reihenfolge. Der Indikativ des Evangeliums als der Zuwendung Gottes zu den Menschen geht dem Imperativ des Gesetzes, also der ethischen Anforderungen voraus. Gottes Zuspruch steht vor seinem Anspruch. Martin

---

9 Peter Biehl, Die Gottesebenbildlichkeit des Menschen und das Problem der Bildung. Zur Neufassung des Bildungsbegriffs in religionspädagogischer Perspektive, in: ders., Karl Ernst Nipkow, Bildung und Bildungspolitik in theologischer Perspektive, Münster 2003, 9-102, 40.
10 P. Biehl 2003, 41.
11 B. Dressler 2003, 266.

Luther hat das auf den Punkt gebracht: Nicht die guten Werke machen einen frommen Menschen, aber ein frommer Mensch ist motiviert zu guten Werken. „Deshalb hat in einem christlichen Verständnis pädagogischen Handelns die Erschließung orientierender und motivierender Erfahrungen sachlichen Vorrang vor der Vermittlung von Regeln moralischen Verhaltens."[12] Bei Gott ist der Mensch um seiner selbst willen interessant. Bernhard Dressler formuliert deshalb völlig zu Recht als „essential" eines christlichen Bildungs- und Erziehungsverständnisses: „Anerkennung und Liebe kommen uns und unserem Handeln immer schon zuvor."[13]

Eine solche Perspektive führt auch zu einer besonderen Wahrnehmung und auch zu einer besonderen Gestaltung des pädagogischen Verhältnisses. Gottes liebevoller und barmherziger Blick auf die Menschen kann uns Menschen zu einer solchen Anteilnahme befähigen und herausfordern. Dass diese Nachahmung nur unvollkommen geschehen kann, braucht nicht eigens betont zu werden, aber als Perspektive sollte sie im Blick sein. „Liebe, und tue was du willst." Dieser Satz des Kirchenvaters Augustin kann auch für die Gestaltung des pädagogischen Verhältnisses die Richtung vorgeben. Ohne liebevolle Zuwendung kann Menschwerdung – auch im Rahmen der Schule – nicht gelingen.

3   Grundlegende Einsichten zu verwirklichen suchen

Martin Luther sah in der Menschwerdung Gottes und der Erziehung von Kindern eine Analogie. Deshalb sollte seiner Meinung nach die menschliche Erziehung „ein Nachvollzug bzw. eine Nachfolge der Deszendenz und Menschwerdung Gottes sein. Wie Gott uns Menschen ein Mensch wurde, so sollen wir den Kindern ein Kind werden – natürlich ohne kindisch zu werden. ... Gott lädt die Erzieher ein, an der Bildung der Kinder und Jugendlichen mitzuwirken. Aber er macht sein Werk von ihnen nicht abhängig."[14] Eine solche Sicht auf pädagogische Vollzüge hat Auswirkungen auf die Profilierung schulischen Arbeitens und Lebens. Dabei ist die entscheidende Frage, ob mit einer solchen Perspektive Schulrealität tatsächlich angeleitet wird oder ob es den schulischen Alltag lediglich an einigen Punkten ausschmückt. Wichtig ist also, dass sich die Konsequenzen eines theologisch und pädagogisch profilierten Bildungsverständnisses durchgängig zeigen.

---

12 B. Dressler 2003, 267.
13 Ebd.
14 Reinhold Mokrosch, Erziehung und Bildung aus lutherische Perspektive, in: Reinhard Schmidt-Rost, Norbert Dennerlein, Udo Hahn (Hg.), Profilierte Bildung – Der Beitrag der christlichen Kirchen zu den Bildungsaufgaben der Gegenwart, Hannover 2006, 9-27, 15.

Unter dieser Maßgabe möchte ich auf fünf Punkte hinweisen, die mir hier als grundlegend erscheinen. Sie alle ranken sich um die Frage nach der Profilierung einer christlichen Schule.

3.1   Die Menschwerdung als zentrales Anliegen im Auge behalten

Momentan weit verbreitet ist im Zusammenhang mit ökonomischem Effizienzdenken die Reduktion von Bildung auf Ausbildung. Die christlichen Schulen sind davon auch insofern betroffen, als dass sie inmitten der staatlichen Schulen ihr Profil deutlich artikulieren und dazu Position beziehen müssen. So wichtig Wissensbestände und grundlegende Qualifikationen sind, reichen sie doch nicht aus. Sie benötigen „als Fundament ein Verstehen der Welt und von sich selbst, das sich nur in der Bildung der Persönlichkeit und ihrer Daseinsgewissheit, ihres Weltvertrauens erschließt."[15] Bildung kann sich nicht starren Zielsetzungen unterwerfen, seien sie ökonomisch oder ideologisch motiviert. Das heißt nicht, dass sie auch bestimmte Qualifikationen und Kompetenzen anstrebt. Aber diese können den Bildungsprozess noch nicht ausreichend beschreiben. Denn „kein Mensch geht in seinen Kompetenzen auf."[16] Helmut Peukert hat es treffend formuliert: Bildung kann „nur dann funktional sein", „wenn sie nicht *nur* funktional ist."[17] Der Bildungsbegriff bringt die Zweckfreiheit des lebenslangen Bildungsprozesses zum Ausdruck. Bildung ist nicht instrumentalisierbar. Damit wird die Würde eines jeden einzelnen Menschen Rechnung getragen.

Bei aller Spezifik der einzelnen Bildungsphasen im Leben eines Menschen ist Bildung doch erst angemessen erfasst im Horizont der Menschwerdung des Menschen. Nur bei einer solchen Gesamtsicht erscheinen auch die leistungsorientierten Wissensqualifikationen, die heute durchaus zu Recht gefordert werden, im richtigen Licht. Der Mensch ist mehr als die Summe seiner Qualifikationen. Dies sollte im Profil einer christlichen Schule deutlich erkennbar sein.

---

15   Bernhard Dressler, Religiöse Bildung und Schule, in: Peter Schreiner, Ursula Sieg, Volker Elsenbast (Hg.), Handbuch Interreligiöses Lernen, Gütersloh 2005, 85-98, 91.

16   Bernhard Dressler, Religiöse Bildung zwischen Standardisierung und Entstandardisierung – Zur bildungstheoretischen Rahmung religiösen Kompetenzerwerbs, in: Theo-Web. Zeitschrift für Religionspädagogik 1/2005a, 50-63, 61.

17   Helmut Peukert, Reflexionen über die Zukunft religiöser Bildung, in: RPäd 49, 2002, 49-66, 56.

3.2   Die Kunst der Unterscheidung lehren

Eine Schule, die aus dem Fundus des christlichen Glaubens heraus ihren Schülerinnen und Schülern einen guten Lern- und Lebensraum gewähren will, muss sich vor allem um die Kunst der Unterscheidung bemühen. Dabei ist ein Blick auf die Erkenntnisse der Reformation sehr hilfreich. Denn „von der Reformation her gesehen ist Theologie nichts anderes als die Kunst der Unterscheidung. Die erste und letzte, im Grunde die einzige relevante Unterscheidung der Theologie ist die Unterscheidung zwischen Gott und Mensch. Aus dieser grundlegenden Unterscheidung ergeben sich alle anderen."[18] Die Unterscheidung zwischen dem Menschen als Person und seinen Taten ist bereits zur Sprache gekommen. Sie ermöglicht – auch im schulischen Alltag – eine neue Sicht der Schülerinnen und Schüler. Ihr Personsein wird durch ihre Leistungen nicht konstituiert. Es liegt ihnen bereits voraus. Ebenso wichtig ist die Unterscheidung zwischen dem Menschen und seinen Überzeugungen. „Auch die wichtigsten Überzeugungen sind nie das Letztgültige. Sie sind vom Letztgültigen zu unterscheiden."[19] Gerade der Glaube, der Gott ernst nimmt, unterscheidet das Sein Gottes von den menschlichen Vorstellungen, von unseren Gottesbildern. „Der glaubende Mensch klärt sich selbst und andere auf über die eigene Gewissheit, ohne diese Gewissheit selbst preiszugeben."[20] Auf dieser Grundlage kann der christliche Glaube vor einer unzulässigen Indoktrination derjenigen Schülerinnen und Schüler schützen, die der Gewissheit des Glaubens nicht zustimmen können. Gleichzeitig ermöglicht er seine Auseinandersetzung über die Wahrheit des Glaubens, ohne eigene Überzeugungen verbergen zu müssen und damit profillos zu werden. Der christliche Glaube bildet somit Schülerinnen und Schüler zu Menschen, die fremde Überzeugungen ernst nehmen können, ohne eigene Überzeugungen verbergen zu müssen.

3.3   Den Fächerkanon als Ausdruck unterschiedlicher Weltzugänge verstehen

Welche Auswirkungen hat eine solche Sichtweise auf die Profilierung des schulischen Fächerkanons an einer christlichen Schule? Aus meiner Sicht kann es keinen christlichen Physik- oder Biologieunterricht im Sinne einer materialorientierten Prägung dieser Fächer geben. Aber der christliche Glaube als Fundament einer

---

18 Michael Meyer-Blanck, Tradition – Integration – Qualifkation. Die bildende Aufgabe des Religionsunterrichts an Europas Schulen, in: EvTh 63, 2003, 280-288, 283. Ich folge hier auch weiterhin seinem Gedankengang.

19 A.a.O., 284.

20 Ebd.

Schule führt zur Reflexion über die Prämissen und daraus folgenden Begrenzungen der eigenen Herangehensweise. Es gibt keine voraussetzungslose Bildung, allerdings oft Bildung, deren Voraussetzungen nicht offen angesprochen werden. „*Glaube als Kriterium der Bildung bedeutet, daß von bestimmten Vorgaben her*, die geschichtlich, sozial und transzendent vermittelt sein können und hermeneutisch zu erschließen sind, *um die Wahrheit der Bildung gestritten wird.*"[21] Dies schlägt sich auch im Fächerkanon nieder. Denn zur Bildung gehört es, „dass in ihr unterschiedliche Weltzugänge, unterschiedliche Horizonte des Weltverstehens eröffnet werden, die nicht wechselseitig substituierbar sind."[22] Wir haben heute nicht mehr eine Klammer, die alle unterschiedlichen Sichtweisen zusammenhält und umspannt, weshalb es auch keinen substantiellen Begriff von Allgemeinbildung mehr geben kann. Bildung ist nicht mehr als „integrativer Gesamtbegriff"[23] zu denken, sondern hat sich selbst ausdifferenziert.

Die theologisch motivierte Kunst der Unterscheidung ist deshalb auch aus bildungstheoretischer Sicht anzustreben. Hilfreich ist an dieser Stelle die Differenzierung zwischen Verfügungs- und Orientierungswissen. Damit kann zwischen Tatsachen und der Deutung von Tatsachen unterschieden werden. „In Bildungsprozessen wird, wie in allen Lernsituationen, immer schon beides vermittelt … und zwar unabhängig davon, ob alle Beteiligten sich dieses Unterschiedes bewusst sind oder nicht."[24] Damit Bildung jedoch wirklich im grundlegenden Sinn Subjektwerdung sein kann, sollte dieser Unterschied reflexiv bewusst werden. Im Biologieunterricht hieße das zum Beispiel zu differenzieren „zwischen der Evolution als einem heute schwer zu bestreitenden Sachverhalt, der Evolutionstheorie als der modellhaften Rekonstruktion dieses Sachverhalts und dem Evolutionismus als einer quasireligiösen Weltanschauung."[25] Gleiches wäre auch vom Religionsunterricht im Blick auf die biblischen Schöpfungsberichte zu sagen.

---

21 P. Biehl 2003, 52. H. Peuckert spricht hier von Rückfragen an die anderen Wissenschaften über die „jeweiligen paradigmatischen Voraussetzungen". Ders. 2002, 66.
22 B. Dressler 2005, 92.
23 Dietrich Korsch, Religion mit Stil. Protestantismus in der Kulturwende, Tübingen 1997, 139.
24 B. Dressler 2005, 91.
25 Bernd Dressler, Religion geht zur Schule: Fachlichkeit und Interdisziplinarität religiöser Bildung, in: Zeitschrift für Pädagogik und Theologie 56, 2004, 3-17, 9.

3.4   Religiöse Urteilskraft entwickeln

Im Rahmen religiöser Bildung an einer christlichen Schule kann nicht von vorfindlichen Religionen abgesehen oder abstrahiert werden. Aber aus christlicher Perspektive ist Glaube kein Bildungsziel. Religiöse Bildung ist also „nicht einfach
gleichzusetzen mit Glauben im jüdischen oder christlichen Verständnis. Denn
Glaube impliziert immer ein Moment freier Entscheidung."[26] Die Möglichkeit religiöser Bildung gründet auf der elementaren Unterscheidung „zwischen dem Glauben und seinen Lebens- und Reflexionsformen, d.h. zwischen Glauben und Religion. … Glaube ist kein Bildungsziel – aber mittels religiöser Kommunikationsfor-
men kann über Glauben nachgedacht und reflektiert werden, können Glaubenstra-
ditionen dargestellt und erschlossen werden, können Ausdrucksformen des Glaubens erlernt werden."[27]

Anliegen von religiöser Bildung in einer christlichen Schule allgemein sowie
des Religionsunterrichts im Besonderen kann es also nicht sein, die Schülerinnen
und Schüler dazu zu bringen, den lehrmäßigen Aussagen einer bestimmten Kirche
oder Glaubensrichtung zuzustimmen. Vielmehr liegt die Aufgabe darin, „in den
Heranwachsenden ein Bewusstsein von den Möglichkeiten, Aufgaben, Schwierigkeiten und Grenzen religiöser Weltinterpretation zu entwickeln."[28] Das schließt
einerseits den Verzicht auf eine „universale Problemlösungskompetenz im Bezug
auf alle Orientierungs- und Sinnfragen des Lebens"[29] ein und strebt andererseits
danach, ein kritisches Bewusstsein gegenüber allen Formen von Fundamentalismus
zu entwickeln. Helmut Peukert spricht hier von „religiöser Urteilskraft". „Gemeint
ist damit eine Urteilsfähigkeit darüber, ob religiöse Traditionen und Praktiken der
menschlichen Grundsituation mit ihren Grenzerfahrungen und Ambivalenzen gerecht werden oder ob sie entweder diese Grundsituation rein illusionär oder ideologisch verschleiern oder nur Techniken der psychischen Stabilisierung für den ökonomischen Konkurrenzkampf anbieten."[30]

Gerade im Miteinander von Schülerinnen und Schülern verschiedener weltan-
schaulicher Orientierungen geht es auch um die Fähigkeit zum begründeten Urteil.
Es ist „die Fähigkeit zum Urteil darüber, ob angesichts der Grunderfahrungen
menschlicher Existenz sowie angesichts all dessen, was wir über unsere Wirklich-

---

26 H. Peukert 2002, 65.
27 B. Dressler 2005, 92.
28 Dietrich Benner, Bildung und Religion. Überlegungen zu ihrem problematischen Verhältnis
    und zu den Aufgaben eines öffentlichen Religionsunterrichts heute, in: Christoph Wulf, Hil-
    degard Macha, Eckart Liebau (Hg.), Formen des Religiösen. Pädagogisch-anthropologische
    Annäherungen, Weinheim/Basel 2004, 19-36, 32.
29 Ebd.
30 H. Peukert 2002, 65f.

keit wissen, bestimmte Ideen als so vertretbar erscheinen, dass sie auch für ‚religiös Unmusikalische‘ zumindest verständlich sind.“[31] Versteht man Religion als Praxis kann sich eine solche Urteilskraft nicht nur auf Bewusstseinszustände, also auf den kognitiven Bereich beziehen. Letztlich geht es um die „Kompetenz, sich in der sozialen Wirklichkeit von Religion(en) zurechtfinden zu können.“[32]

Christlicher Glauben im Kontext der Bildung bringt die christliche Weltdeutung ins Gespräch mit anderen religiösen und nichtreligiösen Weltdeutungen. Er will Handlungsorientierungen erschließen und hat gleichzeitig die Grenze aller Bildungsanstrengungen im Blick.

Religiöse Bildung kommt dort an ihr Ziel, wo „Heranwachsenden im Medium einer überlieferten Religion und von daher auch in Auseinandersetzung mit anderen Religionen bewusst wird, dass das Proprium der Religion in der Erfahrung und Reflexion des Verhältnisses des Endlichen zum Unendlichen liegt und dass es zwischen diesem und außerreligiösen Sachverhalten und Erfahrungen nach vielen Seiten bedeutsame und problematische Bezüge gibt.“[33]

3.5   Den Raum für Authentizität bereiten

Eine christliche Schule wird sich in besonderem Maße von einem – die christliche Perspektive einbeziehenden – Bildungsverständnis leiten lassen. Das stellt an die Lehrenden die Herausforderung, nicht nur fachlich auf hohem Niveau zu agieren, sondern auch die Dimension eines christlichen Menschenbildes im pädagogischen Prozess deutlich werden zu lassen. Sie werden sich deshalb „in ihrem Selbstverständnis weder auf ihre Fachwissenschaftlichkeit zurückziehen können noch pädagogisches Handeln primär als instrumentell-strategisches Handeln verstehen dürfen.“[34] Gleichzeitig gilt für sie vom Grundsatz her dasselbe wie für die Schülerinnen und Schüler, nämlich dass sie in ihren weltanschaulichen Positionen nicht vereinnahmt werden dürfen. Allerdings ist auch von Lehrkräften, die vorher an einer kommunalen Schule gearbeitet haben, zu erwarten, dass sie bereit sind, sich intensiv mit den Grundlagen eines christlichen Bildungsverständnisses zu beschäftigen, um an dieser Stelle zu einer begründeten eigenen Position zu gelangen. Zu erwarten wäre ebenfalls, dass sie den grundlegenden Eckpunkten zustimmen, die sich aus der christlichen Tradition für die Bildung ergeben. Auch eine religiöse Urteilskraft

---

31 H. Peukert 2002, 65f.
32 B. Dressler 2005a, 58.
33 D. Benner 2004, 29.
34 Rüdeger Baron, Jürgen Bohne, Uta Hallwirth, Martin Schreiner, Jörg Schulz, Bildung und Erziehung in christlicher Verantwortung, in: Christoph Th. Scheilke, Martin Schreiner (Hg.), Handbuch Evangelische Schulen, Gütersloh 1999, 411-436, 423.

im bereits skizzierten Sinne ist anzustreben. Christlicher Glaube kann ihnen nicht verordnet werden. Aber auch für sie gilt, was Bernhard Dressler allgemein formuliert hat: „In der modernen Gegenwartskultur ist es vielleicht möglich, gebildet zu sein, ohne religiös zu sein, es ist aber nicht möglich, gebildet zu sein, ohne sich mit religiösen Fragen sachangemessen auseinander zu setzen."[35] Und zu dieser sachangemessenen Auseinandersetzung gehört dann auch die Bereitschaft, sich mit den Schülerinnen und Schülern gemeinsam auf religiöse Bildungsprozesse einzulassen. Nur so kann in der Schule insgesamt ein Raum für Authentizität entstehen, sowohl für Lehrende wie auch für Lernende. Gerade ein christliches Bildungsverständnis bietet dafür gute Voraussetzungen.

4   Mit den Pfunden wuchern

Die Perspektive des christlichen Glaubens wird das Miteinander von Lehrern und Schülern nicht nur implizit bestimmen, sondern auch explizit. Gerade an diesem Punkt liegt ein Spezifikum christlicher Schulen, das sie deutlich von anderen Schulen unterscheidet. Letztlich geht es dabei – mit Karl Heinz Potthast gesprochen – um eine „Wirklichkeitserhellung durch den christlichen Glauben."[36] Diese Dimension christlicher Schulen gilt es deutlicher als bisher pädagogisch zu begründen. Nur so werden Eltern und ihre Kinder die Explizierung christlichen Glaubens im Schulleben nicht nur erdulden, sondern als Chance im Prozess der Menschwerdung begreifen können.

4.1   Religion als pädagogisch relevante Praxis profilieren

Zur Vergegenwärtigung der pädagogischen Bedeutung von Religion können Überlegungen des Pädagogen Dietrich Benner hilfreich sein. Er charakterisiert das Proprium der Religion als Perspektive der „Endlichkeit des Menschen". Man könnte sie auch mit den Begriffen der „Geschöpflichkeit, der Sterblichkeit und der Todesbestimmtheit" bezeichnen.

---

35 B. Dressler 2005, 95.
36 Zit.n. Martin Schreiner, Evangelische Schulen als Lernorte christlicher Bildungsverantwortung, in: Reinhard Schmidt-Rost, Norbert Dennerlein, Udo Hahn (Hg.), Profilierte Bildung – Der Beitrag der christlichen Kirchen zu den Bildungsaufgaben der Gegenwart, Hannover 2006, 95-111, 105.

Benner bezeichnet Bildung als „Arbeit des Menschen an seiner Bestimmung."[37] Sie kann nicht auf die Endlichkeitserfahrung verzichten, sondern muss eine religiöse Praxisform einführen, die den Zusammenhang zwischen Endlichem und Absolutem thematisiert, reflektiert und aushält. Das bildungstheoretische Proprium von Religion beschreibt Benner mit den drei Glaubensdimensionen eines „göttlichen ‚Seins aus sich selbst', einer von diesem her unter Menschen möglichen Solidarität (‚Liebe') und einer aus beiden hervorgehenden ‚Hoffnung'."[38] Wer also auf die religiöse Bildung verzichtet, verzichtet damit auf die Thematisierung des göttlichen Seins (also der Gottesfrage), der Ethik aus Religion sowie der daraus resultierenden Hoffnung. Der verzichtet letztlich auf die Möglichkeit, Sinn nicht aus der eigenen Existenz erzeugen zu müssen.

Insgesamt benennt Benner sechs Formen von Praxis: „Der Mensch muss durch Arbeit, durch Ausbeutung und Pflege der Natur, seine Lebensgrundlage schaffen und erhalten (Ökonomie), er muss die Normen und Regeln menschlicher Verständigung problematisieren, weiterentwickeln und anerkennen (Ethik), er muss seine gesellschaftliche Zukunft entwerfen und gestalten (Politik), er transzendiert seine Gegenwart in ästhetischen Darstellungen (Kunst) und ist konfrontiert mit dem Problem der Endlichkeit seiner Mitmenschen und seines eigenen Todes (Religion). Zu Arbeit, Ethik, Politik, Kunst und Religion gehört als sechstes Grundphänomen die Erziehung. Der Mensch steht in einem Generationenverhältnis, wird von Angehörigen der ihm vorausgehenden Generation erzogen und erzieht Angehörige der ihm nachfolgenden Generationen."[39]

Dabei bringt die Betonung Benners von Religion als Praxis deutlich zum Ausdruck, dass der Mensch dabei nicht nur in seiner kognitiven Dimension, sondern auch seiner affektiven und pragmatischen Dimension berührt ist. Gleichzeitig betont er, dass religiöse Bildung in der Schule „an die Tradition und Überlieferung anschließen, in diese einführen und zu einem offenen Experimentieren mit den in ihr geklärten und ungeklärten Fragen herausfordern"[40] will, dass also Religion nicht in allgemeinen, sondern in konkreten, d.h. christlichen (stellenweise islamischen)

---

37 Dietrich Benner, Studien zur Theorie der Erziehung und Bildung. Pädagogik und Wissenschaft, Handlungstheorie und Reformpraxis, Band 2, Weinheim u.a. 1995, 186.

38 A.a.O., 187.

39 Dietrich Benner, Allgemeine Pädagogik. Eine systematisch-problemgeschichtliche Einführung in die Grundstruktur pädagogischen Denkens und Handelns, Weinheim 4.Auflage 2001, 22f.

40 D. Benner 2004, 31. Benner betont eindrücklich: „Wie Fremdsprachenunterricht in der Schule nicht in der Form einer Metatheorie der vergleichenden Sprachforschung, sondern als Latein-, Englisch-, Französisch- oder Spanischunterricht erteilt und betrieben wird, so kann auch Religionsunterricht nicht in der Form einer vergleichenden Religionskunde und -wissenschaft erteilt werden." (A.a.O., 28).

bzw. meist sogar nur in konfessionellen bzw. konfessionell gefärbten Formen begegnet. Deshalb ist der inhaltliche Rückbezug auf konkrete Glaubensvollzüge so bedeutsam.

4.2   Religiöse Bildung nicht auf unterrichtliche Prozesse eingrenzen

Versteht man Religion als pädagogisch relevante Praxis wird deutlich, dass sie nicht nur als ein unterrichtlich zu thematisierendes Phänomen eine Rolle spielen kann. Nach Dietrich Benner sind die Heranwachsenden nicht nur unterrichtlich mit den verschiedenen Formen von Praxis vertraut zu machen, sondern auch auf den Eintritt in die gesellschaftlichen Handlungsfelder vorzubereiten. Religiöse Bildung hat es deshalb „immer auch mit der Aufgabe zu tun, Heranwachsende in die religiöse Praxis selbst einzuführen und zur Wahl einer religiösen Lebensform anzuhalten."[41] Gerade an dieser Stelle kann eine christliche Schule erhebliche Chancen bieten. Religiöse Bildung ist auf Begegnungen mit einer konkreten, geschichtlich überlieferten Religion angewiesen. Wo diese Bedingung nicht erfüllt ist, „muss sie auf dem Wege der Erkundung und Exkursion, der Expertenbefragung und Hospitation in der Schule künstlich angebahnt und gesichert werden". Auch Schulgottesdienste und Andachten sind durchaus in dieser Linie zu sehen. „Solche Erkundungen dienen im Bereich des Schulunterrichts dann nicht dem Zweck, Heranwachsende in den Glauben einer bestimmen Religion einzuüben, sondern verfolgen das Ziel, Kenntnisse über religiöse Phänomene und Praktiken zu vermitteln, an die Unterricht anknüpfen kann."[42] Gleichzeitig eröffnen sie darüber hinausgehend auch die Dimension der persönlichen Aneignung dieser Religion. Aber genau darauf kommt es an: Sie eröffnen die Möglichkeit, aber sie beachten die Freiheit der Entscheidung eines jeden Einzelnen. Deshalb wäre im schulischen Alltag zu differenzieren zwischen gottesdienstlichen Veranstaltungen, die durchaus verpflichtend sind, weil sie in den Unterricht eine unverzichtbare Perspektive eintragen und gottesdienstlichen Veranstaltungen, an denen teilzunehmen im Ermessen eines jeden Einzelnen liegt. Der christliche Glaube ist keine Privatangelegenheit. Er drängt in die Öffentlichkeit. Deshalb sollte er auch im Schulalltag deutlich wahrnehmbar sein. Allerdings darf er nicht im Sinne einer „verchristlichten Bildung" funktionalisiert werden, auch nicht im Sinn einer sog. Werteerziehung. „Alles soll mit Religion, nicht aus Religion" getan werden, sagt Schleiermacher.[43] In der christlichen

---

41 D. Benner 2004, 32f.
42 D. Benner 2004, 28.
43 Friedrich Schleiermacher, Über die Religion. Reden an die Gebildeten unter ihren Verächtern, in ihrer ursprünglichen Gestalt hg. v. R. Otto, Göttingen 1967, 60.

Religion geht es um das Gottesverhältnis und um eine daraus erwachsene Welt- und Selbstdeutung, die alles Tun begleiten.

Christlicher Glaube kann nach evangelischem Verständnis nicht mit Werten gleichgesetzt werden und ist auch nur sekundär auf Werte beziehbar. Zwischen Religion und Moral ist zu differenzieren.[44] Allerdings bietet eine christliche Schule die Chance, den sonst ausgeklammerten Begründungszusammenhang von Daseins- und Wertorientierung zu thematisieren auf unterschiedlichen Ebenen wie hin zum Lernen am Modell. Eine christliche Schule kann deshalb in besonderer Weise wertebildend sein, aber nicht im kurzschlüssigen Sinn eines angewandten Glaubens, sondern im Sinn eines gemeinsamen Ethos trotz unterschiedlicher weltanschaulich-religiöser Positionen.

5 Christlicher Glaube steht einer Funktionalisierung entgegen

An einer christlichen Schule ist der Rückbezug auf konkrete Glaubensvollzüge in besonderer Weise möglich, da sich vielfältige Möglichkeiten auftun, die einer öffentlichen Schule in der Regel so nicht gegeben sind. Dadurch ergeben sich unter bildungstheoretischer Perspektive besondere Möglichkeiten, die bei der Profilierung einer Schule von vornherein im Blick sein sollten. Gleichzeitig jedoch ist zu bedenken, dass sich der christliche Glaube nicht funktionalisieren lässt. Er ist „Orientierung und kritisches Potential zugleich."[45] Er bereichert und prägt Unterricht und Schulleben im hier skizzierten Sinne, übernimmt aber auch „hierarchiekritische und die Institution Schule transzendierende Funktionen."[46] Er lässt sich also nicht einfach im schulischen Geschehen einfangen und funktionalisieren. Gerade so aber können christliche Schulen Lernort und Lebensraum zugleich sein, in denen Schülerinnen und Schüler der lebensbegleitenden und erneuernden Kraft des christlichen Glaubens begegnen. Wenn dies gelingt, werden sie in guter Weise zu einer bewussten Wahl einer religiösen Lebensform beitragen können. Die Orientierung an der christlichen Tradition als einer Überlieferung von „Bilder(n) der Lebensrettung, die Menschen miteinander teilen"[47], bietet dafür gute Voraussetzungen. Kinder und Jugendliche sowie deren Familien können hier lernen, „daß das Leben kostbar ist; daß Gott es liebt; daß einmal alle Tränen abgewischt werden sollen; daß die Armen die ersten Adressaten des Evangeliums sind ... Die Hoffnung und die Lebensvisio-

---

44 Vgl. Christian Grethlein, Was kann der Religionsunterricht für die Werteerziehung der Schule leisten?, in: Deutsches Pfarrerblatt 8/2002, 379-382.

45 R. Baron, J. Bohne, U. Hallwirth, M. Schreiner, J. Schulz 1999, 416.

46 B. Dressler 2005, 98.

47 Fulbert Steffensky, Damit die Träume nicht verloren gehen! Religiöse Bildung und Erziehung in säkularen Zeiten, in: Loccumer Pelikan, 4/00, 171-176, 176.

nen halten sich nicht allein durch das Argument, sie werden aufgebaut durch die Mitteilung und durch die Wahrnehmung solcher Lebensbilder."[48] Wenn dies in Ansätzen gelänge, wären christliche Schulen ganz bei ihrer Sache – pädagogisch wie theologisch.

---

48 Ebd.

Religious literacy und evangelische Schule[1]

Martin Schreiner

In Juli Zehs 2004 erschienenem Roman „Spieltrieb" heißt es in einer Beschreibung des Schülers Olaf:

> „Als er zehn Jahre alt wurde, hatte er im Fernsehen, in Magazinen und im Internet die wesentlichen Zutaten des menschlichen Lebens bereits gesehen und auf ihre Beschaffenheit geprüft. Er kannte Kriege, Sex, Liebe, Glück, Unglück, Pornographie, sinnlose oder sinnvolle Gewalt, Folter, Mitleid, Heldentaten, Vergewaltigungen und noch vieles mehr. *Homo sapiens* hatte vor seinen Augen längst alle makabren Fratzen gerissen, deren er fähig war. Die Menschheit hatte sich als ein Rudel gefährlicher, aus den selbstreinigenden Gehegen von Mutter Natur entkommener Mutanten bewiesen, die sich virengleich vermehrten und im Begriff standen, noch die letzten verbliebenen Ordnungssysteme auf dem Planeten zu zerstören. Olaf kannte die schmalen Trampelpfade des ‚Man-muss-sein-Bestes-tun' und ‚Da-kann-man-eh-nichts-machen', und er wusste um die Maut aus Gleichgültigkeit, die man für ihre Benutzung zu entrichten hatte."[2]

Und in einer Beschreibung der Jugend durch einen Lehrer heißt es:

> „Diese jungen Menschen hatten keine Wünsche, keine Überzeugungen, geschweige denn Ideale, sie strebten keinen bestimmten Beruf an, wollten weder politischen Einfluss noch eine glückliche Familie, keine Kinder, keine Haustiere und keine Heimat, und sehnten sich ebenso wenig nach Abenteuern und Revolten wie nach der Ruhe und dem Frieden des Althergebrachten. Überdies hatten sie aufgehört, Spaß als einen Wert zu betrachten. Freizeit und Nichtfreizeit waren gleichermaßen anstrengend und unterschieden sich in erster Linie durch die Frage, ob man Geld verdiente oder ausgab. Hobbys zum Totschlagen der Zeit waren überflüssig, da die Zeit auch von selbst verging. Fernsehen war langweilig, die Literaturszene tot, im Kino liefen seit Jahren nur Varianten auf drei oder vier verschiedene Filme. Diskotheken waren etwas für Liebhaber von Dummheit und schlechter Musik, und auf Schostakowitsch konnte man nicht tanzen. Diese Jugend hatte aufgehört, sich für industriell geschneiderte Moden, Identitäten, Heldenfiguren und Feindbilder zu interessieren. Weniger als jede Generation vor ihr bildete sie eine Generation. Sie war einfach da, die Sippschaft eines interimistischen Zeitalters."[3]

---

1 Vortrag auf den Berliner Barbara-Schadeberg-Vorlesungen 2007.
2 Juli Zeh, Spieltrieb, Berlin 2004, 71.
3 Ebd. 348.

Zeitansagen, die herausfordern, provozieren! Gott lesen – Welt begreifen? Schauen
wir in diesen Aussagen nicht in einen Spiegel und werden uns der Abgründigkeit
dieser Welt und unseres eigenen Daseins bewusst? Inwiefern kann hier *religious
literacy* eine lebensförderliche Rolle spielen?

Der bis 2002 an der Humboldt-Universität lehrende Philosoph Herbert Schnädelbach schreibt in der Süddeutschen Zeitung:

> „Wir sind tatsächlich Heiden; als Beleg genügt die Tatsache, dass wir offenbar ans
> Christentum erinnert werden müssen. Wir sind so heidnisch, dass wir meist nicht
> einmal wissen, dass wir Heiden sind und warum, und dies deshalb, weil wir verges-
> sen haben, was Christsein bedeutete und überhaupt bedeuten könnte. ... Die profane
> Moderne ist unser Schicksal. Wir leben jenseits des Christentums".[4]

Leben wir wirklich jenseits des Christentums?

„Das Evangelium kommunizieren – auch mit denen, denen es fremd ist" – so
lautet der Untertitel eines Beitrags von Fred Mahlburg, dem Leiter der Evangelischen Akademie Rostock, und von Eckart Schwerin, Geschäftsführer der Evangelischen Schulstiftung in der EKD, in der Zeitschrift Praxis Gemeindepädagogik. Die
Autoren diagnostizieren darin zutreffend die Folgen der Entfernung und Entfremdung vom christlichen Glauben und von der Kirche in Ostdeutschland: „Mit der
Entfremdung als ganzer ist ein radikaler Traditions- und Kulturabbruch mit offen-
kundigen gesamtgesellschaftlichen Auswirkungen verbunden, mit einem Verlust
an Geschichtsbewusstsein und damit einem Verlust an Wirklichkeit, einem Verlust
an Sprache im umfassenden Sinn, einem Verlust an Deutungsmöglichkeiten von
Wirklichkeit, einem Verlust an Werten und von ihnen geprägten Haltungen."[5] Das
Evangelium kommunizieren – auch mit denen, denen es fremd ist: Wäre dies nicht
eine passende Losung für das evangelische Schulwesen insgesamt?

1   Vom cantus firmus evangelischer Schulen

In evangelischen Schulen ist religiöse Bildung selbstverständlicher Teil allgemeiner
Bildung, Religion wird nicht nur gelehrt, sondern auch gelebt. Zu nennen wären neben dem obligatorischen Religionsunterricht unter anderem Andachten, Morgenkrei-
se, Schulgottesdienste, das Beachten des Kirchenjahreszyklus und Einkehrwochen-
enden. Hervorzuheben ist das Wahrnehmen der religiös-ethischen Dimension nicht

---

4   Herbert Schnädelbach, Jenseits des Christentums. Das Profane ist unser Schicksal, in: Süd-
     deutsche Zeitung Nr. 133 vom 12./13.6.2004, 14.
5   Fred Mahlburg, Eckart Schwerin, Merkmal konfessions„los"? Das Evangelium kommunizie-
     ren – auch mit denen, denen es fremd ist, in: PGP 2/2005, 9-12, hier: 11.

nur im Religionsunterricht, sondern insbesondere auch im Fachunterricht[6]. Dieser Aspekt der „Wirklichkeitserhellung durch den christlichen Glauben" geht auf Karl Heinz Potthast zurück, der ihn 1964 erstmals in einem Vortrag über „Die evangelische Schule in säkularisierter Umwelt" formulierte.[7] Angeregt durch die Bildungssynode der EKD 1978 in Bethel mit dem Leitthema „Leben und erziehen – wozu?", die sich erneut für die Existenz evangelischer Schulen ausspricht und diese auch theologisch zu begründen versucht, wird das Charakteristische dieser Schulen verstärkt darin gesehen, die „religiösen Implikationen eines jeden Unterrichts" zu entdecken und bei der Stoff- und Methodenauswahl einen „spirituellen Spürsinn" zu entfalten. Die interessante Aufgabe der sogenannten „comenianischen Unterrichtserneuerung" im Rahmen evangelischer Schulen kennzeichnen Karl Ernst Nipkows zusammenfassende und wegweisende Sätze anlässlich einer Tagung der Evangelischen Schulbünde im November 1984 in Bad Segeberg:

> „Unterrichtserneuerung im Zeichen des Erbes von J. A. Comenius: Das eigene Profil evangelischer Schulen ist bisher besonders im außerunterrichtlichen Umfeld angestrebt worden, in der Schulgemeinschaft von Eltern, Lehrern und Schülern, im Schulleben und in besonderen, meist diakonisch orientierten Projekten. Diese Prägung von den Rändern her ist wichtig. Für die Zukunft sollte jedoch noch mehr der normale Unterricht selbst, der den größten Raum des Schulalltags einnimmt, mit neuer Aufmerksamkeit durchgestaltet werden. In der täglichen Unterrichtspraxis sollte die genaue und vollständige Wahrnehmung der Wirklichkeit eine der Hauptaufgaben werden mit einer daraus folgenden Nachdenklichkeit in der Beurteilung von Denkwegen und Handlungsperspektiven, die sich Zeit für Besinnung und Vertiefung nimmt."[8]

Das Neue an Nipkows Vorschlag besteht darin, das Charakteristische einer evangelischen Schule in der Hinführung der Lernenden zu einer ethisch-religiösen Fragehaltung beziehungsweise Problemsicht in – soweit möglich und sinnvoll – allen Unter-

---

6 Die nachfolgenden Ausführungen folgen den Ausführungen des Verfassers in: M. Schreiner, Im Spielraum der Freiheit, Evangelische Schulen als Lernorte christlicher Weltverantwortung, Göttingen 1996, 337ff.

7 Karl Heinz Potthast, in: Norika. Sondernummer des Korrespondenzblatt, 1964.

8 K. E. Nipkow, Evangelisches Erziehungsverständnis und evangelische Schulen, in: Korrespondenzblatt, Beiheft zum 26. Jg. (1985), 38. Vgl. ders., Bildung als Lebensbegleitung und Erneuerung. Kirchliche Bildungsverantwortung in Gemeinde, Schule und Gesellschaft, Gütersloh 1990, 546ff.: „Unterrichtserneuerung als christliche Welt-Anschauung heißt die Schüler anzuleiten, die *Phänomene selbst* zu beobachten und hierbei die Wirklichkeit auf Gott hin transparent werden zu lassen" sowie Kirchenamt der EKD (Hg.), Bildungs- und Schulpolitik aus christlicher Sicht (1990), Hannover 1990, 24: „Aus christlicher Verantwortung kann mit spezifisch christlichen Argumenten zur Frage des Fächerkanons nicht Stellung genommen werden. Aber für evangelische Schulen besteht der Anspruch, daß christliche Themen und Inhalte in allen relevanten Unterrichtsfächern eine zentrale Rolle spielen müssen. Außerdem stellt sich die Aufgabe, die jeweilige ethische und religiöse Dimension des Unterrichts bewusst zu machen und eine christlich begründete Antwort zu geben."

richtsfächern zu sehen. Nipkow denkt an einen meditativ-gesammelten Unterricht, der phänomennah ist, die Sinne sensibilisiert, nachdenklich macht und in ökumenisch-interkulturelles Lernen einführt.[9] „Unterrichten im christlichen Aufmerksamkeitshorizont" ist ein markantes Merkmal pädagogischer Konzeptionen von evangelischen Schulen. Mit dem Tübinger Systematischen Theologen Eilert Herms ist festzuhalten, daß „in der Orientierung des schulischen Kerncurriculums in der ganzen Breite seiner Fächer an einem positionalen weltanschaulich-ethischen Grundkonsens – etwa dem des Christentums nach reformatorischem Verständnis – (...) keine Gefahr für die Sachgemäßheit, Selbstständigkeit und Leistungsfähigkeit des Fachunterrichts" besteht: „Dieser steht in jedem Fall – auch in der heute durchschnittlich herrschenden komplett desintegrierten Situation – jeweils unter dem Vorzeichen *irgendeiner* weltanschaulich-ethischen Überzeugung, nämlich der der Lehrenden. An einer bewusst evangelischen Schule würde demgegenüber nur klar sein, im Horizont welcher Grundsymbole menschlicher Lebensgewissheit von allen gemeinsam nach dem Sinn jedes Faches im Zusammenhang aller anderen zu fragen wäre."[10]

Evangelische Schulen wissen also inmitten aller „Polyphonie" um ihren spezifischen „cantus firmus". In Übereinstimmung mit Luther hat Melanchthon diesen bereits in der Frühzeit der Reformation in den prägnanten Worten zum Ausdruck gebracht: „Denn was anderes ist aufs Ganze gesehen das Evangelium als die Ausrufung der Freiheit. Kurz: Christentum heißt Freiheit."[11] Aber: Christlich gelebte Freiheit wird unkenntlich, wenn sie nicht in konkreten Beziehungen und Lebensformen, in bestimmter Praxis gelebt und spürbar wird, sich auswirkt und in Verantwortung mündet.

---

9   In zahlreichen Projekten unter Federführung des Marburger Pädagogikprofessors und Wagenscheinschülers Hans-Christoph Berg griff die Arbeitsgemeinschaft evangelischer Schulbünde bundesweit diese Überlegungen auf. Es wurden zwei unterschiedliche Vorgehensweisen verfolgt: der „aufspürende Ansatz", der verstärkt mit den Prinzipien selbstentdeckenden und meditativ-besinnlichen Lernens arbeitet, sowie der „thematische Ansatz", der eher von den in den Lehrplänen vorgegebenen Inhalten herkommend religiös-christliche Fragen ansprechen will. Vgl. Unterrichtserneuerung mit Wagenschein und Comenius. Versuche Evangelischer Schulen 1985-1989, Hg. v. H.-Chr. Berg u.a., (Comenius-Institut) Münster 1990; Die religiöse Dimension wahrnehmen. Unterrichtsbeispiele und Reflexionen aus der Projektarbeit des Evangelischen Schulbundes in Bayern, Hg. v. J. Bohne u.a., (Comenius-Institut) Münster 1992 sowie In Zusammenhängen lernen. Fächerübergreifender Unterricht in den Klassen 5 und 6. Beispiele aus evangelischen Schulen, Hg. v. H.-H. Haar und K. H. Potthast, (Comenius-Institut) Münster 1992.

10 Eilert Herms, Vom halben zum ganzen Pluralismus, in: ders, Kirche in der Welt, Tübingen 1995 (388-431), 430f.

11 Philipp Melanchthon, Loci 1521, 7, 21 (zitiert nach G. Kruhöffer, Was heißt christliche Freiheit heute?, in: Loccumer Pelikan 3/03, 115-119, hier 118).

Evangelische Schulen vermögen solche Orte zu sein, an denen die Schulgemeinschaften gemeinsam eine „neue Sprache" für ein gelingendes Leben in christlicher Verantwortung zu finden und zu sprechen suchen. Evangelische Schulen können gleichsam als „Biotope gelebter Christlichkeit" neu einüben und erproben, religiös „auskunftswillig" und „auskunftsfähig" zu sein.

Den biblischen *Worten* entsprechen spezifische *Antworten* im Alltag evangelischer Schulen als Lern- und Lebensorten christlicher Weltverantwortung: So gründen beispielsweise der Respekt vor der Einzigartigkeit und das Bemühen um individuelle Förderung und Forderung jedes einzelnen Kindes auf der Vorstellung, dass der Mensch zum Ebenbild Gottes erschaffen ist. So zeigt beispielsweise der Verweis auf den relationalen Ansatz theologischer Anthropologie – Menschsein heißt: in Beziehung sein – vielfältige Formen sozial-diakonischen und religiösen Lernens und begründet den achtsamen Umgang und das würdevolle Miteinander an evangelischen Schulen. Wie das christliche Schulkonzept in einzelnen Unterrichtsfächern an evangelischen Schulen umgesetzt wird, kann beispielsweise in der Ausgabe 01/07 der Zeitschrift „klasse, die Evangelische Schule" nachgelesen werden.

2 *Religious literacy* als Kunst der Unterscheidung

Religious literacy an evangelischen Schulen ist unabdingbar, weil sie eine unverzichtbare Perspektive in alle Bildungsprozesse und in alle Modi der Weltbegegnung einbringt. Sie ist der Erwerb der Fähigkeit, Wirklichkeit auf eine bestimmte Weise wahrzunehmen, zu „modellieren" (Bernhard Dressler), die neben anderen Lesarten der Wirklichkeit gleichberechtigt und nicht substituierbar zu stehen kommt. Sie bezieht sich auf die Welt aus der Perspektive von Religion; Religion wird dabei verstanden als Kultur des Verhaltens zum Unverfügbaren. Sie zielt ab auf Kommunikation über Religion (Außenperspektive/gelehrte Religion) und religiöse Kommunikation (Binnenperspektive/gelebte Religion). Sie darf nicht auf religionskundliches Wissen oder auf ethisches Orientierungswissen reduziert bleiben, sondern muss mehrdimensional begriffen werden. Dazu gehören: „die *emotionale und ästhetische Erlebnis- und Wahrnehmungs-Dimension* als Ergriffensein von Grundstimmungen des Heiligen (wie Dank, Ehrfurcht, Faszination und Schrecken), die *kognitive Dimension* als Bescheidwissen über Geschichte, Lehrinhalte und Riten, die *konfessorische Dimension* als Bekennen zu bestimmten Überzeugungen, die *ethische Dimensi*-

on als Weisheit individueller wie sozialer Lebensführung, die *rituelle Dimension* als Ausdruck religiöser Erfahrung in symbolischer Darstellung."[12]

Religious literacy lehrt in Fortführung der reformatorischen Theologie Martin Luthers maßgeblich die Kunst des Unterscheidens:

> „An die biblisch begründeten Fundamentalunterscheidungen zwischen Gott und Welt und Gott und Mensch schließen sich die Unterscheidungen zwischen Gesetz und Evangelium, zwischen Christenmensch und Weltmensch, zwischen Glaube und Werken, damit auch zwischen Personen und ihren Taten bzw. ihren Eigenschaften an. Die damit eröffneten Unterscheidungen zwischen Würde und Wert, zwischen Jemand und Etwas, Vorletztem und Letztgültigem ermöglichen die notwendigen Differenzierungen im Handgemenge des Lebens, ohne den Anspruch auf Wahrheit und Unbedingtheit preiszugeben. Sie eröffnen damit einen Raum jenseits der Alternative zwischen Relativismus und Fundamentalismus."[13]

Gefragt ist damit auch die Besinnung auf die spezifisch evangelische Gestalt des christlichen Glaubens. Reicht die Zitierung der vier reformatorischen Soli – allein aus Gnade, allein aus Glauben, allein Christus, allein die Schrift – aus? Lassen sich die Kernmerkmale protestantischen Glaubens und Lebens auf „Eigenverantwortung und Freiheit", „Nächstenliebe der Tat" und „protestantische Unruhe" beschränken?[14]

Religious literacy an evangelischen Schulen bedeutet „eine Erziehung zur Wahrheit und damit auch zur Offenheit für die Gottesfrage, eine Erziehung zu Gerechtigkeit und Erbarmen und damit zu einer Kultur der Anerkennung im Miteinander der Menschen, eine Bildung für eine offene Zukunft, zu der die Sensibilität für die Bewahrung der Natur und für die Lebenschancen einer nächsten Generation gehört, und schließlich eine Bildung zur Kultur, nämlich zu einer perspektivenreichen

---

12 Peter Bubmann, Einführung in christliche Lebenskunst – oder: „Wie kirchlich soll die Religionspädagogik sein?", in: F. Schweitzer, Th. Schlag (Hg), Religionspädagogik im 21. Jahrhundert, Gütersloh 2004, 131-143, hier: 134.

13 Bernhard Dressler, Bildung und Religion. Welterschließung als Unterscheidungsvermögen, in: G. Guttenberger, B. Husmann (Hg.), Begabt für Religion. Religiöse Bildung und Begabungsförderung, Göttingen 2007, 15-30, hier 16.

14 So Günter Böhm, Was heißt evangelisch im Religionsunterricht?, in: religion heute, März 2007, 30-35, hier 32f. Vgl. auch M. Nüchtern, Himmelsecho. Muster christlicher Spiritualität entdecken, Göttingen 2004, 69-80, der vier Grundmotive evangelischer Weltanschauung (i. S. einer spezifischen Grundierung und eines Grundmusters von Denken, Verhalten und Empfinden) markiert: das Motiv der Endlichkeit der Welt und der Begrenztheit menschlichen Wissens und Tuns; das Motiv einer Selbstgewissheit, die sich keiner Anschauung, sondern der Überzeugung eines Angeschaut- und Angesehenseins verdankt; das Motiv der Transparenz der Welt, bei der Unanschauliches „sichtbar" werden kann; das Motiv der Vorläufigkeit und Unabgeschlossenheit aller Weltsichten.

Selbstthematisierung, die Ausbildung einer eigenen Identität mit einer respektvollen Wahrnehmung des Fremden verbindet."[15]

3 *Religious literacy* als reflektierte christliche Lebenskunst[16]

Der Erlanger Religionspädagoge Peter Bubmann unternimmt eine präzise Beschreibung von konstitutiven Elementen christlicher Lebenskunst. Seine Ausführungen lassen sich bruchlos auf das Verständnis von *religious literacy* als reflektierter christlicher Lebenskunst übertragen:

> „Christliche Lebenskunst ist symbolisch-spielerische Erschließung des Heiligen und weisheitlicher Lebensstil der Liebe im Alltag. In beiden Formen gewinnt sie ihr ganz eigenes Profil durch ihren Bezug auf die Geschichte der Gotteserfahrung im Volk Israel, in Jesus Christus und seiner Gemeinde.
>
> Christliche Lebenskunst heißt, die Welt anders wahrzunehmen: sie als Gleichnis einer höheren Wirklichkeit lesen, sehen und hören zu lernen; den Zuspruch und Anspruch Gottes in der Welt und im eigenen Leben zu entdecken – gegen allen Augenschein und gegen allen Missklang der unheilvollen Welt. Christliche Lebenskunst geschieht also zunächst als Kunst der Welt-Wahrnehmung im Lichte der Gotteserfahrung.
>
> Christliche Lebenskunst heißt weiter, die eigene Freiheit wahrzunehmen: wahrnehmen einmal im Sinne von wahrhaben: sich Freiheit zusagen und zutrauen lassen, sich als frei erklären lassen, dazu Visionen freien Lebens erinnern und erträumen. Zum anderen meint Freiheit wahrnehmen: sie ernst nehmen und tatsächlich ausüben, sich nicht drücken, wo zu handeln wäre, also auch: mutig zu sein in der Unerschrockenheit der Gottesgewissheit.
>
> Christliche Lebenskunst ist geprägt von Grundhaltungen, die sich dieser geistbewegten Wahrnehmungs-Geschichte verdanken: zuallererst Glaube, Liebe, Hoffnung; dazu Ehrfurcht vor aller Kreatur; Weisheit und andere alte und neue Tugenden; christliche Lebenskunst ist überdies charakterisiert durch vorrangige Optionen und Handlungsregeln für das Zusammenleben (z.B. der Option für die Armen, für die Fremden, für Gerechtigkeit, für Nachhaltigkeit); und sie ist vor allem getragen durch die großen Verheißungen vom Ziel des Lebens im Schalom Gottes.
>
> Christliche Lebenskunst heißt weiterhin, Freiheit zu üben. Denn Freiheit ist auch ein Können, das gelernt sein will. Dazu gehört, die Zeichen der Zeit zu deuten, in der Entscheidungssituation abzuwägen und ein begründetes Urteil zu fällen. Dazu gehört weiter, den richtigen Ton zu treffen, passende Bilder zu finden, die angemessene

---

15 Wolfgang Huber, Orientierungswissen in evangelischer Perspektive, in: wissen – werten – handeln. Welches Orientierungswissen braucht die Bildung?, Hg. v. V. Elsenbast u.a. (Veröffentlichungen der Evang. Akademie zu Berlin), Berlin 2005, 18-35, hier 35.

16 Peter Bubmann, Leben mit Stil und Profil. Gemeindepädagogik als Anstiftung zur Lebenskunst, in: Nachrichten der ELKiB 9/2003, 268-271, hier 269.

Sprache zu sprechen und in den Spielwelten der Spiritualität heimisch zu werden. Freiheit zu üben bedeutet auch, sich der eigenen Mächtigkeit bewusst zu werden und die eigenen Begabungen gezielt zu entwickeln. Aber auch, mit der eigenen Ohnmacht und mit dem eigenen Versagen umgehen zu lernen und das Unabwendbare anzunehmen.

Zur christlichen Lebenskunst gehört schließlich, *die eigene Freiheit zu reflektieren und das Leben vor Gott und den Menschen zu verantworten.* Profil gewinnt das christliche Leben im Dialog mit anderen Lebenskonzeptionen, indem der Gebrauch der Freiheit begründet und kritisch überprüft wird. Das eigene Handeln wird konsequent in die Sinnperspektive des Gottesreiches gerückt, die verschiedenen Lebensgeister kritisch unterschieden. Dazu bedarf es der religiösen und theologischen *Bildung*, eben *reflektierter christlicher Lebenskunst.*"

4   Bildung im Horizont von Hoffnung

Was bedeutet es für Schulehalten und -gestalten, wenn man wirklich Ernst damit macht, dass die christliche Hoffnung auf Gottes Heil schaffendes Handeln konstitutiv in unser Verständnis von Mensch und Welt und in unser Verständnis von Bildung hinein gehört? Zurecht stellt Karl Friedrich Haag in diesem Zusammenhang fest:

„Natürlich können Grundzüge einer christlichen Anthropologie sehr unterschiedlich ‚konzipiert' und dargestellt werden. Zu den konstitutiven ‚Markierungen' eines christlichen Verständnisses von Mensch und Welt gehören aber in jedem Fall nicht nur die Vorstellungen von der ‚Geschöpflichkeit' und der ‚Gottebenbildlichkeit', sondern vor allem auch die Dimension der ‚Geschichtlichkeit': Der Mensch ist als Geschöpf Gottes hineingeboren in eine Geschichte Gottes mit den Menschen, in eine story, deren Autor Gott ist. Und diese Geschichte Gottes mit den Menschen gehört hinein in die Geschichte Gottes mit der Welt. Der Glaube an Gott als Herrn der Geschichte, als den Herrn des Anfangs, als den Herrn des Vergangenen und als den Herrn des Kommenden, des Zukünftigen gewinnt im Hinblick auf Mensch und Welt Gestalt als Hoffnung: als eine gewisse Hoffnung auf einen neuen Himmel und eine neue Erde. – Jesaja 65 und Offb. 21, Bildworte von einprägsamer Prägnanz, sind auch in ihrer Bedeutung für unser Bild von Mensch und Welt und also auch für unsere Bildungsdiskussion auszuloten: ‚Ich will einen neuen Himmel und eine neue Erde schaffen, dass man der vorigen nicht mehr gedenken wird. Freuet euch und seid fröhlich über das, was ich schaffe.' Und: ‚Ich sah einen neuen Himmel und eine neue Erde; denn der erste Himmel und die erste Erde sind vergangen. Und ich hörte eine große Stimme: Siehe da die Hütte Gottes bei den Menschen. Und Gott wird abwischen alle Tränen ... denn das Erste ist vergangen. Und der auf dem Thron saß, sprach: Sieh ich mache alles neu.' Dieses eschatologische Dynamit, das den Horizont unseres „innerweltlichen" Welt und Menschenbildes aufreißt, dieser Horizont-Durchbruch wird bei christlichem Nachdenken über Mensch und Welt, wird auch bei christlichem Nachdenken über Bildung nicht fehlen dürfen, wenn wir uns nicht einem grundlegenden Reduktionismus ausliefern und ‚Wirklichkeit' an das binden, was wir zurzeit gerade für ‚plausibel' halten."[17]

Könnte sich das „eschatologische Dynamit" im Rahmen evangelischer Schulen möglicherweise auch im Anwenden einer neuen Sprache erweisen wie sie Benedikt Traut skizziert:

„Leben als geschenktes Leben bedanken,
das Vertrauen auf Liebe und Menschlichkeit zum Blühen bringen,
die Enge und Spirale der Angst durchbrechen,
das Gefühl tiefer Geborgenheit vermitteln,
grenzenlose Offenheit und Weite ermöglichen,
dem Dasein seine Leichtigkeit und Freude zurückgewinnen,
die Furcht vor der Freiheit nehmen,
Erstarrtes zu neuem Leben erwecken,
Wegzeichen in der Weglosigkeit aufrichten,
aus dem Haben zum Sein befreien,
Brücken zwischen allen Ufern bauen,
das Getrennte und Zerrissene zusammenführen,
an unser aller Herkunft aus dem Licht des Himmels erinnern.

Das Unmögliche möglich,
das Undenkbare denkbar,
das Nichtaushaltbare aushaltbar machen,
die Sprachlosigkeit überwinden und zum Dialog einladen,
in allem den Atemwind des Ewigen wehen lassen.

Eine Sprache lernen und sprechen,
die Sprache der Annäherung und der Menschlichkeit,
des Zuhörens und Austausches,
der Versöhnung und Vergebung,
des Friedens und der Verständigung,
der Hoffnung und des Lebens,
des Lichtes und der Farben,
der Stille und des Schweigens,
der Liebe und des Vertrauens,
der Spielräume und Zwischenräume.

Eine neue Sprache sprechen."[18]

---

17 Karl Friedrich Haag, Nach Bildung fragen. Hinweise zur Präzisierung des Fragens, in: AH Aktuelle Information Folge 38, 8/2003, Hg. v. GPM Erlangen, 1-56, hier 21f.
18 Benedikt Werner Traut, Annäherungen. Gedichte, Gundelfingen/Breisgau 1995.

Autorinnen und Autoren

Dr. Petra Bahr, Kulturbeauftragte des Rates der Evangelischen Kirche Deutschlands, Kulturbüro Berlin.

Dr. Dietrich Benner, Professor für Allgemeine Erziehungswissenschaft an der Humboldt-Universität zu Berlin.

Dr. Michael Domsgen, Professor für Evangelische Religionspädagogik an der Theologischen Fakultät der Martin-Luther-Universität Halle-Wittenberg.

Dr. Wilhelm Gräb, Professor für Praktische Theologie an der Evangelisch-Theologischen Fakultät der Humboldt-Universität zu Berlin.

Dr. Wilfried Härle, Professor für Systematische Theologie an der Evangelisch-Theologischen Fakultät der Ruprecht-Karls-Universität Heidelberg.

Dr. Manfred L. Pirner, Professor für Evangelische Theologie/Religionspädagogik an der Pädagogischen Hochschule Ludwigsburg.

Dr. Rolf Schieder, Professor für Praktische Theologie an der Evangelisch-Theologischen Fakultät der Humboldt-Universität zu Berlin.

Dr. Henning Schluß, wissenschaftlicher Assistent für Allgemeine Erziehungswissenschaft an der Humboldt-Universität zu Berlin.

Dr. Martin Schreiner, Professor für Evangelische Theologie/Religionspädagogik an der Universität Hildesheim.